Matthias Kröner

ONG KÖNIG

Mit Bildern von
Mina Braun

BELTZ
& Gelberg

Ratzeburg, den 2. März 2022 [handschriftlich]

Matthias Kröner, geboren 1977 in Nürnberg, lebt mit seiner Familie
in der Nähe von Lübeck. Seit 2007 arbeitet er als Autor, Journalist,
Redakteur, Herausgeber und Lyriker. Er schreibt regelmäßig für den
Bayerischen Rundfunk und erhielt mehrfach Auszeichnungen für seine Arbeit.
Der Billabongkönig ist sein kinderliterarisches Debüt.

*Mit Kroko... grüßen ... Reu
und mit ... viel ... genießt ...

Matthias Kröner* [handschriftlich]

MIX
Papier aus verantwor-
tungsvollen Quellen
FSC® C089473
FSC www.fsc.org

Dieses Buch ist erhältlich als:
ISBN 978-3-407-75641-1 Print
ISBN 978-3-407-75652-7 E-Book (EPUB)

© 2022 Beltz & Gelberg
in der Verlagsgruppe Beltz · Weinheim Basel
Werderstraße 10, 69469 Weinheim
Alle Rechte vorbehalten
Text: Matthias Kröner
Illustration und Umschlaggestaltung: Mina Braun
Lektorat: Stefanie Schweizer
Satz und Herstellung: Nancy Aprile
Druck und Bindung: Beltz Grafische Betriebe, Bad Langensalza
Beltz Grafische Betriebe ist ein klimaneutrales Unternehmen
(ID 15985-2104-100).
Printed in Germany
1 2 3 4 5 6   26 25 24 23 22

Weitere Informationen zu unseren Autor_innen
und Titeln finden Sie unter: www.beltz.de

Inhalt

Die Gräte

Wisst ihr, was ein Billabongkönig ist? Ich mach es kurz, denn
wir sind ja nicht in der Schule. Billabong sagen die australi-
schen Ureinwohner zu einem Wasserloch oder zum Seitenarm
eines Flusses. Dort gibt es oft noch Wasser, wenn es sonst im
Land trocken ist, und dort lauern die Krokodile, die Billabongkönige.
Solltet ihr also in Nordaustralien oder in den Mangrovensümpfen unterwegs sein, passt auf, wo ihr badet!

Billabongkönig: Kannst du mal aufhören, den Kindern Angst
zu machen?!

Schon gut. Aber du bist jetzt bitte still! Ich erzähle. Sei froh,
dass es überhaupt eine Geschichte über dich gibt.

Billabongkönig: Ich brauche keine Geschichte über mich.
Ich bin legendär genug.

Genauso fing das an mit dem Krokodil und dem Zahnarzt. Der Billabongkönig Ben war von seiner Auserwähltheit und Macht überzeugt. Doch wie das eben so ist mit mächtigen und ganz wichtigen Leuten. Die haben genauso Angst wie wir alle. Bei Ben war die Angst völlig klar. Er wollte auf gar keinen Fall unter keinen Umständen niemals nicht zum Zahnarzt.

Er mochte diese Vögel nicht, die er in sein Maul lassen musste. Er fürchtete ihre spitzen Schnäbel, und auch ihre Krallen konnte er nicht leiden.

Billabongkönig: Du musst erst mal erzählen, warum Vögel in meinem Maul herumspazieren.

Okay, stimmt! Vielleicht habt ihr schon mal davon gehört, dass es sehr gute Zusammenarbeiten zwischen Tieren gibt. Die Erwachsenen nennen das Symbiose und fragen einen diesen Begriff in Biologie ab. Was ihr wissen müsst: Auch Tiere halten zusammen, selbst dann, wenn sie völlig unterschiedlich sind.

Billabongkönig: Wie der Krokodilwächter und ich.

Wie der Krokodilwächter und du. Dieser kleine Vogel mit dem weißen Streifen am Kopf, das wie ein Stirnband aussieht, verabredet sich mit dem Krokodil für eine professionelle Zahnreinigung. Dabei stakst er (aber nur wenn kein Fotograf in der Nähe ist!) durch den weit geöffneten Rachen des Billabongkönigs. Geschickt pickt er Speisereste und alles, was da nicht hingehört, aus dem Zahnfleisch und den Zahnzwischenräumen. So schützt er das Krokodil vor Zahnausfall und findet Dinge, die ihm gut schmecken.

Billabongkönig: Du hast vergessen, dass das Zahnfleischrumgepieke auch weh tut!

Du lässt mir ja keine Zeit. Könntest du mich bitte nicht dauernd –

Billabongkönig: Du hast auch vergessen, dass ich den Herrn Zahnarzt manchmal gerne verspeisen möchte. Dieses zarte Ding direkt in meinem Maul. Aahh, mmmhh, eine hervorragende Nachspeise.

Doch wenn du das tust, wirst du verstoßen und die Krokodilwächter wenden sich eine lange Zeit von dir ab.

Billabongkönig: Nicht nur von mir. Von uns allen. Das ist ja das ganze Drama!

Können wir jetzt zur Geschichte kommen?!

Billabongkönig: Bitte!

Alles fing damit an, dass sich Ben einen Fisch zu viel vorgenommen hatte.

Billabongkönig: Nicht zu viel. Ich habe ihn falsch gebissen.

Wie auch immer: Ben verspeiste den Fisch und eine der kleinen Gräten verhakte sich zwischen den Vorderzähnen der rechten Seite.

Billabongkönig: Zwischen der sieben und der acht, wenn ihr es ganz genau wissen wollt!

Ben versuchte alles, um diese Gräte herauszukriegen. Er benutzte Wurzeln der Mangrovenbäume, die ins Wasser ragen, als Zahnseide. Er kaute auf morschen Baumstämmen herum. Er bat befreundete Krokodile, das Fischknöchelchen aus seinem Mund zu ziehen. Doch mit den Füßen war nichts zu machen. Sie waren viel zu glitschig und froschartig. Einige versuchten sogar mit ihren Mäulern, das pieksende Ding zu holen. Sie scheiterten ebenso.
Ben wurde immer ungeduldiger und nervöser.

Billabongkönig: Hattet ihr schon mal einen Splitter im Finger? Sicher hattet ihr das. Jetzt stellt euch vor, dass der Splitter nicht rausgeht. Wochenlang. Ihr wollt einen Stift in die Hand nehmen, aua! Ihr wollt Karten spielen, aahhh!

So war das mit Ben. Wenn er fraß, schmerzte die Stelle. Er kühlte sie, indem er weit, weit ins Meer hinausschwamm, an einen Ort, wo es Tausende Meter nach unten ging. Ben tauchte. Das tat gut! Doch irgendwann musste er wieder hoch. Ben war kein Fisch, sondern ein Krokodil, und Krokodile brauchen die Luft zum Atmen.

Billabongkönig: Ich habe sogar überlegt, mit dieser Gräte im Maul zu leben. Ein Kumpel von mir hat einmal einen Pfeil abbekommen. Von einem Krokodiljäger. Er konnte sich retten und den Pfeil abbrechen. Doch die Spitze steckte noch immer in seinem Panzer. Wir unterhielten uns, und wir merkten bald: Ich war übler dran. Der Mund ist viel empfindlicher als der Ruderschwanz. Letzterer hat gute Knorpel, die das Gröbste abmildern.

Es stand nicht gut um Ben. Das Zahnfleisch entzündete sich. Nach zwei Wochen eiterte es.

Billabongkönig: Das war der Tag, wo ich mir klar wurde, ich muss was tun.

Ben hatte schreckliche Angst vorm Zahnarzt.

Billabongkönig: Das hatten wir schon.

Ich muss es hier aber noch einmal betonen. Denn alles andere folgt daraus. Außerdem sollen die Kinder ruhig wissen, dass jeder Angst hat, jeder. Auch so mächtige Krokodile wie du.

Billabongkönig: Das hatten wir auch schon.

Wisst ihr eigentlich, was ihr machen könnt, wenn ihr euch vor jemand fürchtet? Stellt euch vor, wie dieser Jemand auf dem Klo hockt. Und Verstopfung hat. Das hilft immer.

Billabongkönig: Kannst du mal aufhören, den Leuten irgendwelche Psychotipps zu geben? Die kommen schon selber klar. Die brauchen deine Weisheit nicht.

Jaja, ich mach ja weiter!
Ben war klar, er brauchte Hilfe. Er fragte unter seinen Kumpels und Freundinnen herum. »Kennt ihr einen guten Zahnarzt?« Viele hatten Tipps und verwiesen ihn an diesen und jenen Krokodilwächter.

Billabongkönig: Du hast noch nicht gesagt, dass ich sehr schlechte Vorerfahrungen mit diesen Vögeln habe. Die meisten von ihnen sind roh. Sie picken ins Zahnfleisch, dass einem dicke Krokodilstränen über die Wangen laufen. Sie stolzieren im Maul herum, als wären sie zu Hause in ihrem Nest. Sie krallen sich, wenn sie sich konzentrieren, in meinen Maulboden. Ihr wisst schon, den unteren Bereich, der viel

14

sensibler ist. Und manche von ihnen, mir wird ganz schlecht, wenn ich davon erzähle – manche hacken sogar daneben. Es gab Fälle, wo sie ein Maul malträtierter zurückließen, als sie es betreten hatten. Dafür stellen sie dann ungeheuere Rechnungen mit noch ungeheuereren Forderungen. Doch das größte Problem ist …

… dass die Krokodilwächter freie Auswahl haben und die besten von ihnen um ihr Können wissen. Es gab unter diesen Vögeln einen, der von Bens Freunden immer wieder ins Spiel gebracht wurde: Kaukasius Grätenzieher II. Ihro Exzellenz von Stolzhausen-Stammberg.

> Billabongkönig: Schon der Name! Das ist doch ein Unding, dass diese Zahnärzte eine solche Macht haben.

Kaukasius war von morgens bis abends ausgebucht. Ihm wurde nachgesagt, man spüre es nicht einmal, wenn er zu seiner Sonderbehandlung ansetzte. Er war so geschickt mit dem Schnabel und mit den Krallen, weshalb sich die anderen Krokodilwächter immer leicht verneigten, wenn sie ihm begegneten, und wegen seines Könnens hatte er keine Feinde.

> Billabongkönig: Nur die Stärksten von uns konnten sich diesen Zahnarzt leisten. Denn wenn er sich zu dir herab in dein Maul begab, musstest du ihn zum Ausgleich einen ganzen Winter lang durchfüttern.

Ben bat seinen Kumpel Friedolin ...

Billabongkönig: Den mit dem Pfeil im Schwanz.

... nach Kaukasius Grätenzieher II. Ihro Exzellenz von Stolzhausen-Stammberg zu schicken.

Die Antwort war kurz und klar: »Wenn Sie, verehrter Billabongkönig, Herrscher über die Wasserarme und Sumpfgebiete, etwas von mir möchten, kommen Sie bitte in meine Praxis am vierhundertsiebenundachtzigsten Mangrovenbaum südlich des Kaps der grünen Hoffnung. Meine Sprechzeiten sind ...«

So etwas war dem Billabongkönig noch nie widerfahren. Normalerweise richteten sich die Leute nach ihm. Was er sagte, war Gesetz, und wenn er es lauter sagte und dabei die Zähne in der Sonne blitzen ließ, wurden diese seine Gesetze noch schneller umgesetzt.

Billabongkönig: Mein Maul war zu diesem Zeitpunkt schon so geschwollen und so rot, dass man mich mit einem Feuerwehrauto verwechseln konnte. Mir hat nur das Blaulicht gefehlt, als ich mich auf den langen Weg zum vierhundertsiebenundachtzigsten Mangrovenbaum südlich des Kaps der grünen Hoffnung aufmachte.

Ben hatte seit Wochen nichts mehr gegessen. Er war äußerst gereizt und ungnädig. Sein Magen knurrte in einer Lautstärke, als würde ein Motorboot durch das Meer ziehen.

Billabongkönig: Ich konnte schlicht nichts mehr essen! Habt ihr schon mal mit Zahnschmerzen was verspeist? Das ist grauenhaft, fürchterlich. Du kannst auch nicht richtig schlafen, weil der Schmerz in dir dröhnt und wummert. Du weißt nur, du brauchst Hilfe, dringend.

Nach vier Stunden erreichte Ben den vierhundertsiebenundachtzigsten Mangrovenbaum und stieg aus dem Wasser. Er war so erschöpft, dass er sich nur noch mühsam zur Mangrove schleppte. Dahinter, in einem Werk aus Luftwurzeln, lag die Praxis. Sie war außergewöhnlich langgezogen, für Krokodile gemacht und bestand aus mehreren Räumen, der Rezeption, dem Wartezimmer und dem Behandlungsraum.
Ben spähte ins Wartezimmer. Ein Glück, keiner da! Er trabte zur Rezeption, wo er auf eine geschäftige Krokodilwächterin traf, die ihn leicht von oben herab musterte.
»Oha«, sagte sie. »Das scheint mir ein Notfall zu sein. Haben Sie Ihre Krankenkassenkarte und Proviant mitgebracht?«
»Hören Sie«, antwortete der Billabongkönig. »Ich bin ein Billabongkönig. Ich wünsche behandelt zu werden.«
Von hinten hörten die zwei eine dünne Stimme. »Wir haben geschlossen für heute. Kommen Sie morgen wieder!«
Ben räusperte sich. »Ich habe den weiten Weg von der sieben-

undzwanzigsten Mangrove hierher gemacht. Sie können mich nicht einfach abweisen.«

Kaukasius Grätenzieher II. Ihro Exzellenz von Stolzhausen-Stammberg kam ums Eck getrippelt. Er trug seinen Schnabel aufrecht. Die sonst so ruckartigen Bewegungen der Vögel hatte er sich fast vollständig abgewöhnt. »Für Sie immer noch Kaukasius Grätenzieher II. Ihro Exzellenz von Stolzhausen-Stammberg, bitte. Karte und Proviant?«

»Keines von beiden. Aber ich garantiere Ihnen lebenslangen Schutz, wenn Sie mich von diesem Ding befreien.« Er öffnete sein Maul und deutete notdürftig mit einem der Vorderzehen auf die geschwollene Stelle.

»Puuh«, antwortete Kaukasius. »Das sieht böse aus. Da müssten wir sofort ran. Operieren. Wenn ich nur nicht schon frei hätte! Feierabend, Sie verstehen …«

»Ich verstehe gar nichts. Außerdem habe ich Ihnen gerade ein Angebot gemacht.«

»Sie entschuldigen, aber ich habe schon mehrere Leibwächter. Glauben Sie, Sie sind der einzige Billabongkönig, der zu mir kommt?«

Ben begriff langsam, was vor sich ging. Er wechselte in eine andere Tonlage. »Sagen Sie mir, was Sie wollen. Ich werde es Ihnen erfüllen.«

»Na, dann wollen wir mal nicht so sein und eine kleine Ausnahme machen. Kommen Sie bitte mit! Hier geht's lang, zweite Tür rechts.«

Billabongkönig: Genauso war es. Genau so. Er hat mich kleingemacht. Er hat mir gezeigt, wer der Boss ist.

Das hast du vielleicht mal gebraucht.

Billabongkönig: Ach ja, vielleicht brauchst du es mal, dass wir gemeinsam baden. Das stell ich mir nett vor. Schriftstellerfilet, sehr fein. Geschichtenerzählerpüree, mmhh!

Ähm, ja … Ben folgte Kaukasius.

Billabongkönig: Da spürte ich wieder, wie sehr es weh tat. Jeder Schritt schmerzte, als würde sich das Auftappen auf dem Boden direkt in mein Maul und von dort zu der Gräte hin übertragen.

Das Behandlungszimmer war geräumig. Es gab eine Liege in der Form eines Krokodils. Kaukasius wies seinen Patienten mit einer Flügelbewegung dorthin. Ben betrat die Liege.

> Billabongkönig: Die war eigentlich ganz bequem, und ich hätte es sicher genießen können, wenn nicht dieses Lärmen in meinem Zahnfleisch gewesen wäre. So hoffte ich auf eine schnelle OP.

Anders der Zahnarzt. »Wissen Sie, manchmal frage ich mich, ob ich gut genug bin. Zwar wird mir von allen Seiten gesagt, dass ich Zähne auf eine Weise reinige, wie es in der Tierwelt bislang unbekannt war ... Dennoch, dennoch. Man hat seine Zweifel und will immer erstklassige Arbeit liefern. Doch das geht natürlich nicht dauernd, das geht nicht. Fußballer schießen auch nicht jeden Spieltag drei Tore. Übrigens arbeite ich ohne Betäubung.«

> Billabongkönig: Ich war fassungslos. Ich wusste nicht genau, was er mir da erzählte. Und dann das: ohne Betäubung. Ich wollte am liebsten weg. Fliehen. Abhauen. Doch wenn ich geflohen wäre, hätte mich das geschafft. Mehrere Wochen lang nichts im Bauch. Eine wunde Stelle. Die totale Erschöpfung.

»Da fällt mir ein«, fuhr Kaukasius Grätenzieher II. Ihro Exzellenz von Stolzhausen-Stammberg fort. »Wie haben wir das Behandlungszimmer betreten?«

»Wie meinen?«, knurrte Ben, schon sichtlich genervt von den vielen Fragen.

»Haben wir den Operationssaal mit dem linken oder dem rechten Fuß zuerst berührt?«

»Keine Ahnung, es hat so weh getan und es tut weh! Schauen Sie bitte! Schauen Sie in mein Maul!«

»Einen Augenblick, mein Herr. Dies müssen wir zunächst klären.«

Kaukasius ging einige Schritte rückwärts, bis er erneut an der Türschwelle stand. »Ha, ich wusste es. Mit rechts. Wir müssen den Raum mit links betreten. Sonst gehen die Operationen schief. Kommen Sie, kommen Sie!«

> Billabongkönig: Ich musste die Krokodilsliege wieder verlassen, mich hinter ihm anstellen und erneut das Behandlungszimmer betreten. Diesmal ging der Vogel, der offenbar einen Vogel hatte, zuerst mit der linken Kralle hinein. Ich hätte bei jedem Schritt aufseufzen können vor Schmerz. Doch ich riss mich zusammen. Billabongkönige können das.

Es hätte auch nichts genützt, wenn Ben aufgestöhnt hätte. Er schleppte sich zurück auf die Liege.

»So, das hätten wir. Nun fahren Sie mal den roten Teppich aus!«

»Wie bitte?«

»Ihre Zunge!«

»Wissen Sie nicht, dass die Zunge bei Krokodilen festsitzt?! Wir können sie nicht herausstrecken.«

Kaukasius Grätenzieher II. Ihro Exzellenz von Stolzhausen-Stammberg kicherte. »Aber natürlich. Doch diesen Scherz, mein Lieber, kann ich mir nie verkneifen.«

Ben grunzte, während Kaukasius über die untere Zahnreihe majestätisch in des Krokodils Rachen stieg. »So, so, also, mmh … Was haben wir denn da? Das ist ein vertrackter Fall.

Mal sehen ... Wenn man es von dieser Seite betrachtet oder doch besser hier ...«

> Billabongkönig: Kaukasius brabbelte vor sich hin. Ich dachte die ganze Zeit: Wann geht es endlich los? Wann macht er sich an die Arbeit? Ich stellte mich auf Höllenqualen ein. Auf schreckliche, fiese Schmerzen, die nur Zahnärzte verursachen können. Ich malte mir alles Mögliche aus. Doch vor allem dachte ich: Jetzt fang schon an! Leg los! Worauf wartest du? Ich konnte es nur nicht sagen, weil mein Maul ja geöffnet war und Kaukasius darin herumstolzierte.

»Das war's. Sie können die Mundhöhle wieder schließen. Aber vorsichtig, bitte, ich würde zunächst gerne zurück ins Freie.«
»Wie, das war's?«
»Die Behandlung ist vorbei. Finito.«
Ben sah Kaukasius ungläubig an. »Ich hab ja gar nichts gespürt.«
»Darin, Monsieur, besteht exaktement meine Kunst.«

> Billabongkönig: Ich verließ die Praxis wie neugeboren. Ich schwamm von der vierhundertsiebenundachtzigsten Mangrove zurück zu mir, als hätte ich nie etwas anderes gemacht. Zwischendurch fing ich Fische. Es gelang mir in einer Schnelligkeit, die ich nicht für möglich gehalten hatte.

Das ist so, wie wenn man Volleyball spielt und zwischendurch mit diesen dicken Medizinbällen übt. Ihr kennt die sicher vom Sportunterricht. Dicke, ledrige Dinger. Wenn du danach wieder mit den leichten Volleybällen zugange bist, glaubst du, du bist der Gott des Spiels.

> Billabongkönig: Ja, so in etwa. Nur eine Sache irritierte mich. Ich musste einen Wunschzettel unterschreiben. »Ein Freiwunsch von …« stand darauf. Ich setzte mein Servus darunter. Danach schaute er mich für einen Augenblick sehr gemein an, blinzelte, brachte mich zur Tür seiner Praxis und wünschte eine gute Genesung.

Die nächsten Wochen lebte Ben auf.

> Billabongkönig: Das stimmt, ich war richtig in Schwung. Ich trieb die Fische zusammen, indem ich meinen Krokodilskörper längsseits zum Ufer stellte und seitwärts schwamm. So bekam ich einen Schwarm in die Enge. Es gab nur eine einzige Öffnung. Mein Maul.

Doch das Erstaunlichste war, wie gut die Wunde verheilte. Sie war die ersten Tage noch rot und noch leicht geschwollen. Doch schon bald dachte niemand mehr an ein Feuerwehrauto, wenn er Ben zu Gesicht bekam.

Billabongkönig: Richtig, ich war wieder der Alte.

Selbstverständlich spricht man über solche Erfahrungen mit anderen. Wann immer Ben auf befreundete Krokodile traf, kam das Gespräch auf Kaukasius. Und jeder, wirklich jeder hatte seine Erfahrungen mit dem Zauberkünstler.

»Die anderen Krokodilwächter kannst du vergessen!«, brummte Patrick, der sich an einem Gnu zwei Zähne ausgebissen hatte und schnelle Hilfe brauchte.

»Für mich gibt es nur einen Zahnarzt!«, nickte Ilona, die eine Seegrasdiät nicht vertragen hatte, weil darauf ein Virus saß, der sich in ihre Zahnfleischtaschen vergrub. Selbst Fridolin suchte Kaukasius auf und kam frohgemut zurück, ohne Pfeil in den Schuppen des Ruderschwanzes.

»Aber sagt mal!«, hakte Ben nach. »Macht er bei euch auch so ein Brimborium?«

Ilona nickte. »Ich musste aus der Praxis heraus, weil er sie zunächst mit dem rechten Fuß betreten wollte.«

»Ach, bei mir war es der linke«, gab Patrick zu.

»Mir hat er erzählt, dass er niemals an seinem Können zweifelt und ich ihn deshalb mit ›Zahnarztgott‹ ansprechen muss«, räumte Fridolin ein und wandte den Kopf zur Seite.

»Und? Hast du's gemacht?«

»Was blieb mir denn übrig? Ich wollte endlich den Pfeil loswerden.«

»Ich ließ mich dazu hinreißen, einen Wunschzettel zu unterschreiben«, gestand Patrick.

»Ich auch.« Die drei antworteten wie aus einem Maul.

»Ich hätte ihn lieber direkt bezahlt, mit Naturalien«, sagte Ben.

»Aber eines muss man ihm lassen«, nahm Ilona den Gesprächsfaden wieder auf. »Gespürt hat man nichts.«

Dem stimmten alle zu. Dann schwammen sie ihrer Wege.

Ein unmöglicher Auftrag

Das Jahr ging ins Land, und es schien alles zu sein wie immer. In den Mangrovensümpfen gibt es keinen Sommer und keinen Winter. Die Sonne steht hoch und selbst die Wolken ähneln sich auf eine Weise, durch die man nur schwer bemerkt, wie die Zeit vergeht. Manchmal fällt ein Monsunregen, der die Flussbetten und Sümpfe mit Wasser füllt ...

Billabongkönig: Ich mag das, wenn die dicken Tropfen auf meinen Panzer prasseln.

... manchmal zucken Blitze durch den Himmel und vom Meer her kommen Wirbelstürme herangerollt.

Billabongkönig: Da musst du dann schon gucken, dass du nicht draußen auf hoher See bist. Sonst fährst du Karussell. Einmal hat es Patrick auf eine andere Insel gewirbelt. Der war alles andere als erfreut und musste den weiten Weg wieder zurück. 1.400 Kilometer, da weißt du, was du getan hast.

Doch davon abgesehen drehte sich die Welt am Äquator weiter.

Billabongkönig: Nur eines war seltsam.

Dazu komme ich ja gleich. Bitte Geduld! Nur eines war seltsam.

Billabongkönig: Das habe ich gerade gesagt.

Willst du die Geschichte weitererzählen?

Billabongkönig: Könnte ich.

Bitte!

Billabongkönig: Aber ich glaube, du machst das besser.

Nur eines war seltsam. Die Krokodilwächter zogen sich zurück. Kaum, dass man einen auf den Mangroven sah. Zwei von ihnen waren schon eine echte Seltenheit. Und einen Schwarm hatte Ben seit geraumer Zeit nicht mehr entdeckt.

Billabongkönig: Ich wusste nicht, wie ich das einordnen sollte. Mir war schon klar, dass sie nichts mehr zu melden hatten, seit Kaukasius' Können über den Pazifik und die Inseln gedrungen war. Man ging ja nur noch zu ihm. Doch die Krokodilwächter versteckten sich regelrecht. So etwas hatte ich niemals zuvor erlebt.

Eines Tages erwischte der Billabongkönig einen, der zufällig in seinem Maul gelandet war. Ben klappte den Rachen – sehr sanft – zu. Der Krokodilwächter war gefangen.

»He«, rief er, »lass mich raus!«

»Feine Forge«, wisperte mit Ben mit geschlossenem Krokodilsmaul. »Iff will diff nur efwaf fagen. Ihr schwfirrt fimmer ab, wenn iff etwaf wiffen will.«

»Dann frag!«, antwortete der Krokodilwächter. »Anders komme ich hier eh nicht mehr raus … Ich heiße übrigens Ben.«

»Waf? Wie iff?«

»Keine Ahnung, wie du heißt, aber ich bin Ben.«

»Na fut, Ben, paff auf! Iff muff nur einef wiffen. Wie kann ef fein, daff …?«

»Warte mal, warte mal! Kannst du bitte nicht mehr aufstoßen, solange ich bei dir drinnen bin? Bitte versteh mich nicht falsch, aber das riecht – leicht streng … Was hattest du heute Mittag?«

»Büffel.«

»Ah, das erklärt einiges. Nun denn, frag! Hier hört eh keiner zu. Es ist sozusagen der perfekte Ort, um Geheimnisse auszutauschen. Schade, dass ich niemand davon erzählen kann, wenn du mich wieder freilässt.«

»Wiefo kannft du niemand dafon erfählen, wenn du wieder frei bift? Waf ift denn lof?«

»Ben? Beeeheenn?« Ein anderer Krokodilwächter flatterte an Ben, dem Krokodil, vorbei. Der Billabongkönig blickte zu ihm. Wenn es einen Nachteil bei Krokodilwächtern gab, dann den, dass man Frauen nicht von Männern unterscheiden konnte. Sie sahen komplett gleich aus.

Billabongkönig: Allerdings ließ mich die hohe Stimme auf eine Frau schließen.

»Was ist?«, fragte die Krokodilwächterfrau. »Habe ich was am Gefieder? Oder weshalb beobachten Sie mich?«

»Iff heife Ben«, sagte der Billabongkönig, der noch immer das Maul geschlossen hielt.

»Aha, ich suche allerdings meinen Sohn. Der heißt auch Ben.«

»Mama?«

»Jaaa?« Bens Mama sah sich hektisch nach allen Richtungen um. Der Billabongkönig blickte zur Seite.

»Der ift fa lang. Fa!« Ben, das Krokodil, deutete mit der Schnauze nach Süden.

»Stimmt nicht!«

»Bift du jefzt ftill!«

»Sagen Sie …« Bens Mama flatterte auf den zugeklappten Rachen des Krokodils. »Warum sprechen Sie eigentlich so komisch?«

»Iff muff fum Fahnafzt. Bitte, fliegen Fie weifer!«

»Öffnen Sie doch einmal Ihr Maul!« Die Krokodilwächterin saß auf Bens Nüstern. Sie brachte ihren Schnabel in Position. Ben sah den Schnabel, die polierte Spitze, und klappte sanft sein Maul auf.

»Mama!«

»Da bist du ja.« Die zwei flatterten in die Höhe und wieder zum Krokodil. Die Krokodilwächterin stellte sich breitbeinig vor Ben.

»Sie wissen, dass das eine Straftat ist!«

»Ich, äh, ich wollte herausfinden …«

»Was, was wollten Sie herausfinden? Wie Krokodilwächterkinder schmecken?«

»Nein, nein. Weshalb sich so viele von euch verstecken?«

»Ach, das merkt mal einer. Bravo, Glückwunsch! Im Übrigen verstecken wir uns nicht. Wir verschwinden.«

»Wie meinen Sie das? Sie stehen doch da. Vor mir.«

»Wir ja, aber die anderen …« Die Krokodilwächterin spreizte einen Flügel und vollführte eine 360-Grad-Drehung. »Ist Ihnen gar nichts aufgefallen?«

»Nun ja …«

»Komm, Mama, wir sagen es ihm!«

»Nein. Wenn er das nicht selbst mitbekommt, können wir auch nichts ändern.« Sie wandte sich zum Abschied an Ben, bevor sie ihr Kind mit einem gekonnten Flügelschlag zu sich herzog.

»Wir waren einmal Verbündete. Haben Sie das schon vergessen?«

Billabongkönig: Ich stand völlig bescheuert am Ufer. Wie ein Vollhonk. Wie ein Noob. Leider ist es mir nicht gegeben, auf solche Vorwürfe schlagfertig zu reagieren. Ich stehe dann nur mit offenem Maul da. Und merke auch das nur, weil mir der Rachen austrocknet.

Hinterher weiß ich immer genau, was ich darauf hätte sagen können. Zum Beispiel, dass sich die Krokodilwächter auch nicht gerade mit Ruhm bekleckert haben. Ihre zahntechnischen Fähigkeiten waren, nun ja: Mittelmaß. Bis zu einem gewissen Grad verstehe ich das, da es mir auch keine Freude machen würde, in einem fremden Maul herumzustochern. Dennoch: Sie hatten sich diesen Beruf gewählt, wir hatten einen Deal. Doch sie erfüllten ihn mangelhaft.

Ich dachte, mittelmäßig.

Billabongkönig: Nein, ungenügend. Völlig ungenügend. Trotzdem musste ich ihr auch Recht geben. Auf eine gewisse Weise gehörten wir schon zusammen. Auch Schmerz verbindet. So ist das nun einmal im Leben.

Ben glitt ins Wasser, befeuchtete seinen Rachen und dachte nach. Hatte er sich nicht selbst gewundert, wie wenig er zuletzt von seinen Freunden Patrick, Friedolin und Ilona gehört hatte? Der Billabongkönig ließ sich auf den Grund des Flussbettes sinken, hin zu den versumpften Stellen. Er erinnerte sich daran, wie manchmal andere Krokodile an ihm vorbeizogen. Da sie ihm sein Revier nicht streitig machten, hatte er sie gewähren lassen … Es waren auch nicht so viele, weshalb er großzügig von einer Gebühr für die Durchquerung seiner Gewässer absah.

Allerdings waren es immer dieselben! Einer hatte eine Narbe am Bauch, eine andere ein leicht nach hinten versetztes Auge. Wochen später kamen sie zurück und zischten genauso schnell wieder an ihm vorbei.

Ben konnte sich dieses Verhalten nicht erklären.

Billabongkönig: Zu meiner Verteidigung muss ich sagen: Als Krokodil hast du viel zu tun. Du musst nicht nur fressen. Du musst auch deine Schuppen pflegen. Oh, glaub mir! Das ist aufwendiger, als man denkt. Du musst dich an den Rinden der Mangroven kratzen und für manche Stellen die geeigneten Luftwurzeln finden. Da können Tage draufgehen. Außerdem darf der Fischbestand nicht zu stark verkleinert werden. Du musst deinen Hunger im Griff haben! Sonst hast du irgendwann nur noch Hunger. Doch keine Fische mehr. Und zuletzt sind da noch Patrick, Friedolin und Ilona. Mit denen muss ich ebenfalls klarkommen. Es ist gar nicht so einfach, sich zu einigen, wo ein Sumpf aufhört und ein anderer anfängt. Was ist mit den kleinen Wasseradern, die vom Hauptstrom abgehen und die manchmal vertrocknet sind, aber in der Regenzeit wieder aufblühen? Wem gehören die? Da muss man mit viel Geschick …

Lass es! Es wird nicht besser!

Billabongkönig: Ach, du machst immer alles richtig?!

Nein, das sage ich ja nicht, aber ... du hättest früher über diese anderen Billabongkönige nachdenken müssen! Und darüber, weshalb die Krokodilwächter weniger werden.

Billabongkönig: Ich meine mich zu erinnern, dass du dich auch nicht immer für alle einsetzt.

Jaja, aber das geht ja auch gar nicht.

Billabongkönig: Aber von mir wird es verlangt!

Du bist eine Figur in einem Buch. Du entspringst meiner Fantasie.

Billabongkönig: Trotzdem lebe ich, oder? Darauf können wir uns ja wohl einigen.

Trotzdem lebst du. Woher willst du eigentlich wissen, dass ich mich nicht einsetze?

Billabongkönig: Du unterschreibst Petitionen, okay, du spendest etwas. Doch sonst?

Ich war auf Fridays for Future.

Billabongkönig: Ja, einmal.

Woher weißt du das?

Billabongkönig: Ich bin immer bei dir. Ich kenne dich.

Okay, Themawechsel.

Billabongkönig: Das ist ganz in meinem Sinne.

Ben versuchte sich zu erinnern. Er saß unten, tief unten im Sumpf, patschte mit seinen Füßen im Matsch herum …

Billabongkönig: Entschuldige mal, ich bin kein Kleinkind!

… prüfte den Matsch nach Krokodilsart, denn manche Stellen konnten einem gefährlich werden. Sie saugten sich regelrecht fest und selbst so starke und mächtige Krokodile wie Ben hatten größte Mühe, dann wieder loszukommen. Der Sumpf schmiegte sich an den schuppigen Krokodilskörper …

Billabongkönig: Sehr richtig! So war es. Überall lauern Gefahren. Selbst auf dem Grund eines Gewässers, das ich beherrsche.

… als Ben eine Stimme hörte. Sie drang verzerrt an sein Trommelfell.
»Ben? Beeheeennn? Ich möchte, dass Sie mir einen Gefallen tun.«

Billabongkönig: Ich wusste sofort, wer da sprach. Selbst das viele Wasser über mir, die Wellen, die Schatten warfen und seine Stimme dämpften, konnten nichts daran ändern.

Ben gab sich einen Ruck – und tauchte auf. Er paddelte ans Ufer. Dort legte er sich in die Sonne. Aaah, Krokodilssonne! Der ideale Ort für einen Kaltblüter. Fast vergaß er die Stimme, für die er aufgetaucht war.
»Ben? Beeheeennn?«
»Ja, was ist denn?«, knurrte Ben.
Kaukasius Grätenzieher II. Ihro Exzellenz von Stolzhausen-Stammberg flatterte über den Sumpf zu ihm. Er segelte elegant am Kopf des Krokodils vorbei, landete, faltete gekonnt die Flügel und ließ sich auf der glutwarmen Erde des Ufers nieder. Dort wedelte er mit einem Zettel.

37

»Weißt du, was das ist?« Da Ben nicht antwortete, fuhr der Vogel fort: »Das ist ein Blankoscheck. Mein Honorar. Und du hast mir *da* unterschrieben.«

Kaukasius pickte mit dem Schnabel auf eine Unterschrift. »Hier steht, dass ich einen Wunsch frei habe.«

»Können wir an einem anderen Tag darüber sprechen? Oder wenigstens, wenn ich wieder im Wasser bin? Sie stören empfindlich mein Paradies. Bitte gehen Sie mir aus der Sonne! Ich tanke auf, wissen Sie?«

Kaukasius hüpfte vor Ben herum. »Es tut mir leid. Aber ich muss darauf bestehen, die Sache sofort zu klären. Wunschschulden sind Ehrenschulden!«

Ben reagierte nicht.

Billabongkönig: Du musst erklären, dass wir Krokodile die Wärme brauchen! Wir sind Kaltblüter, wechselwarme Tiere. Wir passen uns der Temperatur unserer Umgebung an. Sie darf nie unter 15 Grad fallen. Sonst sind wir tot. Ihr Menschen betreibt einen enormen Aufwand, um eure Körperwärme auf 37 Grad zu halten. Wir sind da gelassener. Doch wir brauchen das Sonnenlicht! Ohne geht es nicht. Um nicht zu überhitzen, sperren wir unser Maul auf.

Vielleicht kamen die Krokodilwächter deshalb darauf, sich dort reinzusetzen. Weil es so einladend aussieht.

Billabongkönig: Sehr witzig! Wir machen das, um unseren Denkapparat kühl zu halten. Trotzdem funktioniert er nicht, wenn wir in der Sonne dösen. Da könnte eine Antilopenherde vorbeimarschieren. Wir würden nichts unternehmen. So bekam Friedolin seinen Pfeil ab. Wir entspannen, wenn wir uns in den Strahlen aalen. Das ist so, als würdet ihr auf der Couch liegen.

Oder in einer Hängematte. Die Hausaufgaben hättet ihr längst gemacht.

Billabongkönig: Es fühlt sich döselig an. Man wird nicht klüger dabei. Aber es tut verdammt gut.

Ach, weißt du. Ich glaube, man wird schon klüger, wenn man auf der Couch oder unter Bäumen rumhängt. Man kann die Gedanken schweifen lassen. Die können nicht immer auf Hochtouren fahren. Oft fällt einem sogar mehr ein, wenn man über gar nichts nachdenkt ...

Billabongkönig: Aber man ist nicht so wortgewandt. Und dann steht diese Nervensäge vor mir. Kaukasius. Ich wollte ihn loswerden. Ich wollte einfach nur meine Ruhe.

Kaukasius ließ sich nicht beirren. »Das Gesetz des Dschungels«, sagte er. Wieder schwenkte er mit dem Wisch.

»Sie können sich nicht darüber hinwegsetzen. Ich habe Sie von dieser Gräte befreit!«

Ben ächzte. Langsam öffnete er ein Auge. »Was soll ich tun?«

»Wissen Sie, ich habe in den letzten Monaten Konkurrenz bekommen.«

»Konkurrenz?«

»Jawohl, es gibt einen Zahnarzt, jenseits Ihrer Sümpfe, in Mikronesien, auf einer der westlich gelegenen Inseln.«

»Okay. Welche Nachricht soll ich ihm überbringen?«

»Gar keine. Sie sollen ihn fressen.«

Billabongkönig: Ich war wie vor den Kopf gestoßen. Hatte ich richtig gehört, was Kaukasius da gesagt hatte? Die Sonne hing fett über den Mangroven. Mein Sumpf blubberte. Ich musste mich verhört haben.

Ben war jetzt völlig wach. Er reckte und streckte sich. »Wie war das?«

»Sie sollen ihn töten, umbringen, kaltmachen. Ach Gott, sind Krokodile schwer von Begriff! Sie sollen ihn für mich erledigen, aufessen, sich schmecken lassen. Das ist doch nicht so kompliziert zu verstehen.«

»Das mache ich nicht.«

Kaukasius deutet auf den Zettel. »Das Gesetz des Dschungels.«

»Aber ...« Ben bewegte sich unbeholfen. »So haben wir nicht

gewettet. Ich hatte an einen anderen Wunsch gedacht. An einen ...«, er hielt kurz inne, »... erfüllbaren.«

»Nun. *Meine* Wünsche können *Sie* sich nicht aussuchen.«

Die Sonne brannte. Ben forschte nach einer Antwort. »Ich ... ich kann gar nicht dorthin«, stotterte er. »Das ... das schaffe ich nicht. Der Weltrekord liegt bei 1.400 Kilometern.« Er schluckte. »Länger ist ein Krokodil nie geschwommen. Und das westliche Mikronesien liegt gut und gerne, Moment, warten Sie mal, 4.000 Kilometer entfernt.«

»Sie sollen ja nicht ohne Pause hin.« Kaukasius hüpfte auf die Schnauze des Krokodils und näherte sich seinen Augen. »Ich gewähre Ihnen, lassen Sie mich kurz rechnen – vier Monate.«

»Wie gnädig.«

Kaukasius zog eine Skizze aus dem Gefieder. Er legte sie vor die Schnauze des Krokodils.

»Auf Ihrer Route liegen einige Inseln, auf denen Sie sich ausruhen und fressen können. Zwischenzeitlich durchqueren Sie den Pazifik. Das dürfte schön sein. Wissen Sie, ich beneide Sie sogar darum! Wie Sie herumkommen! Unsereins immer in seiner Praxis. Immer am Zähnerichten. Das wird«, schloss Kaukasius seine Anordnung, »eine richtige Erlebnisreise.«

»Darauf könnte ich gut verzichten.«

Noch einmal zeigte Kaukasius auf das Dokument, das ausgebreitet vor seinen Krallen lag.

»Eine Unterschrift ist eine Unterschrift ist eine Unterschrift«, flötete er. »Dagegen können Sie gar nichts tun. Oder soll ich Sie vor den Kadi schleppen?«

Billabongkönig: Das war der
Moment, wo ich Angst bekam.
Ich wollte nicht vor Gericht. Ich
wollte nicht ins Gefängnis. Ich spür-
te, wie es sich anfühlte, Angst zu haben. Ein
durchweg neues Gefühl für mich. Sicher, ich hatte
Angst, als die Gräte im Zahnfleisch steckte. Ich hat-
te Angst, dass es beim Fressen jetzt immer wehtut.
Dann hatte ich Angst vor der Behandlung. Aber diese
Angst saß tiefer. Sie wühlte in meinen Eingeweiden.
Mein Magen drehte sich. Ich schnappte nach dem Zettel ...

Kaukasius war schneller. »Nein, nein«, sagte er und stieg in
die Luft. Von der Krone einer Mangrove rief er: »So leicht
kommen Sie nicht davon! Ich erwarte in hundertzwanzig Tagen Ihren Rapport.«
Damit entschwand der Krokodilwächter.

Eine weite Reise

Billabongkönig: Ich fühlte mich, als hätte mir jemand mit einer Ruderpinne eins übergebraten. Als wären Krokodilsjäger hinter mir her. Ich wusste nicht, was ich tun sollte. Ich dachte in die eine und in die andere Richtung.
Hätte sich nicht irgendwann eine Wolke zwischen die Sonne und mich geschoben, wäre ich in den nächsten Stunden gegart und gebraten am Ufer gelegen. Man hätte Hot Dogs aus mir machen können. Hot Crocodiles.

Ben glitt ins Wasser. Freunde, dachte er. Irgendwer muss mir helfen!
Er schwamm die Sümpfe entlang, in Ilonas, Patricks und Friedolins Revier. Die Flüsse waren wie ausgestorben. Ebenso die Wasserarme, die abzweigten.

Billabongkönig: Da war noch ein anderer Gedanke, der mich umtrieb. Wenn ich jetzt nicht losschwimme, ins westliche Mikronesien, werde ich in vier Monaten bestimmt nicht zurück sein. Dann hetzt er mir die Polizei auf den Hals. Dann verhaften sie mich. Ich muss jetzt sofort … los!

Doch das alles war nicht so leicht. Vor Ben lag der riesige Ozean, den er durchqueren sollte. So etwas macht nicht nur Spaß. Das ist eine Herausforderung. Es gibt Haie. Es gibt Containerschiffe. Man muss den Kurs halten, und nur nachts, wenn der Mondschein quer über die kleinen Wellen fällt, die an der Wasseroberfläche spielen, als wäre die ganze See ein riesiges Instrument, entdeckte er die Fliegenden Fische. Sie tauchten aus dem Wasser heraus und flatterten mit den Flossen.

Billabongkönig: Du denkst über sie nach. Darüber, dass sie wahrscheinlich weiterfliegen würden. Sie sind wie du. Sie würden sich am liebsten aus ihrer Situation befreien. Doch sie fallen immer wieder zurück – ins Wasser.

Versteht ihr? Unter anderen Umständen hätte Ben diese Reise mutiger unternommen. Krokodile sind Hungerkünstler. Sie kommen über Wochen und sogar Monate hinweg ohne Nahrung aus. Das fühlt sich nie gut an. Doch es ist möglich.
Hätte ihn Kaukasius als Kurier beauftragt, als schwimmender Postbote sozusagen, hätte Ben dem Trip durch den Pazifik auch seine abenteuerlichen Seiten abgewinnen können.

Billabongkönig: Genau. Aber er hat mich als Killer beauftragt! Ich besaß die Adresse eines Zahnarztes, den Kaukasius als Konkurrenten ansah. Wie geht man mit so was um?

Ben ärgerte sich, als er durch die Wellen schwamm und die Gischt hinten an der Schwanzspitze spürte. Er grämte sich, weil ihm, lahmgelegt von der Sonne, keine besseren Argumente eingefallen waren.

Billabongkönig: Ich hätte Kaukasius sagen können, dass er der Größte ist. Vielleicht hätte ihn das beruhigt.

Das glaube ich nicht. Leuten, denen du sagst, dass sie die Größten sind, wollen nur noch mehr. Schau dir doch die Herrscher und Diktatoren an! Kriegen die genug? Nein, sie wollen immer mehr!

Ben wusste das. Doch er wusste nicht, was er tun sollte. Zurückschwimmen und ins Gefängnis gehen? Nein, das war nicht sein Fall. Zurückschwimmen und sich verstecken? Das war auch nicht das, was er sich unter einem guten Leben vorstellte. Billabongkönige verstecken sich nicht. Zumindest Ben wollte das nicht. Er wollte geradestehen für das, was er tat.

Billabongkönig: Aber was machst du in einem solchen Fall? Wenn es kein Ja und kein Nein gibt. Kein Richtig und Falsch. Ich hatte unterschrieben. Sein Wort kann man nicht einfach brechen.

So schwamm der Billabongkönig weiter. Er kam an Kiribati vorbei, an den Marshallinseln, die Sonne ging auf und ging unter. Und wie immer in Äquatornähe waren die Tage länger als anderswo und die Nächte kürzer, was Ben mit zusätzlicher Energie versorgte.

Billabongkönig: Ich hatte von dieser Energie nichts. Was brachte es mir denn, wenn ich früher ankam? Ich musste eine Entscheidung treffen, und ich wollte sie, solange es ging, hinauszögern.

Aber du bist doch sonst so entschlussfreudig.

Billabongkönig: Na, hör mal! Ich sollte einen Unschuldigen umbringen. Es ging nicht ums Überleben. Der Tod dieses anderen Zahnarztes hatte keinen Sinn für mich. Weshalb sollte ich diese Schuld tragen?

Ben landete an kleinen und kleinsten Inseln an, fraß Fische, riss Säugetiere. Er machte einen große Bogen um die Containerschiffe und schwamm manchmal unbemerkt hinter Fischkuttern her. Im Kielwasser fiel immer etwas für ihn ab.

Billabongkönig: Ich hatte mir die Reise schwieriger vorgestellt. Es gab Tage, an denen ich allein durch die See schwamm. Nur unter mir vibrierte das Leben. Manchmal nervten mich Rochen, die sich auf meinem Panzer ausruhten. Als wäre ich ein öffentliches Verkehrsmittel, das sie kostenlos durch das Meer schipperte! Doch ich kriegte sie nur schwer los, da sie sich an meinen Schuppen festklammerten. Haie machten einen Bogen um mich, nachdem sie mein Maul gesehen hatten. Selbst Schwertfische ließen mich in Ruhe.

Was viel anstrengender war, waren die Gedanken, die unaufhaltsam in Ben herumtanzten. Wie er es auch drehte und wendete: Er fand kein Schlupfloch.

Vierundzwanzig Stunden später erreichte der Billabongkönig Ben Saipan.

Auf einem von Menschen unbewohnten kleinen Eiland daneben, westlich des Marianengrabens, der mit 11.000 Metern in die Tiefe geht und mit Wesen bewohnt ist, die bis heute noch nicht erforscht sind, schleppte er sich an Land. Er war doch mehr erledigt, als er dachte. Sonne, sagte er sich, auftanken. Aber nicht zu lange.

Billabongkönig: Der warme Sand tat so gut. Vor mir erhob sich ein kleiner Wald, und ich begann langsam abzuschalten, während ich von der langen Seereise noch immer wankte. Die Wellen wogten in mir nach.

Doch da war eine zweite Stimme. Du musst es hinter dich bringen, flüsterte sie. Immer wieder.
Ben blickte geschafft auf die Karte, die Kaukasius ihm gegeben hatte. Hier, auf einem der Bäume, dachte er, muss dieser Zahnarzt sein Nest haben.

Billabongkönig: Für einen langen Augenblick hoffte ich, dass der Typ nicht da war … Ausgeflogen. Vielleicht für immer. Ich legte mir schon astreine Ausreden für zu Hause zurecht.

Da kam der Krokodilwächter aus seinem Versteck geflattert. Er war zwanzig Zentimeter klein, hatte einen Bauch wie ein

Rotkehlchen, darüber ein graublaues Gefieder, einen schwarzen Streifen am Nacken und diesen charakteristischen weißen am Kopf, der wie ein Stirnband aussieht.

»Besuch«, freute er sich. »Wie schön! Sie sind nicht von hier, oder?«

»Nein«, antwortete Ben. Ich muss einsilbig bleiben. Ich darf nicht reden. Ich muss ihn fressen.

»Umso schöner. Woher kommen Sie denn? Lassen Sie mich raten: von Tinian, von Rota? Wo immer Sie herstammen, darf ich Sie einladen?«

»Von den Mangrovensümpfen«, knurrte Ben.

»Was? Von so weit her? Wie haben Sie das geschafft? Das dürfte ein neuer Krokodilsrekord sein!«

Da Ben weiter schwieg, räusperte sich der Krokodilwächter und stellte sich interessiert vor ihn. »Wie kann ich dienen?«

»Sie sind doch der Zahnarzt, von dem jetzt alle sprechen?!«

Der Krokodilwächter schwirrte einige Meter in die Höhe.

»Ooh, hat sich das so weit, also ich meine, bis zu Ihnen ... herumgesprochen! Es ist mir ... Sie gestatten, eine Ehre.

Eine große Freude, Sie hier zu haben. Aber sagen Sie: Gibt es dort, wo Sie herkommen, keine Zahnpfleger?«

»Doch«, knurrte Ben. »Allerdings sind sie nicht so ...« Ben wollte »nett« sagen, doch er verkniff sich das Wort.

»Was meinen Sie? Etwa nicht so ... gut?«

»Nun, ich kann leider nicht so lange plaudern. Bitte flattern Sie in mein ...«

Der Krokodilwächter unterbrach ihn. »Bevor wir zum Geschäftlichen kommen: Ich bin Roger. Freunde dürfen mich ›Rogi‹ nennen. Und wem ich ins Maul flattere«, schlussfolgerte der Zahnarzt, »der ist notgedrungen – mein Freund.«

Roger reichte Ben einen Flügel. Ben zuckte zurück.

Billabongkönig: Ich war in einer verdammt schwierigen Situation. Du weißt, du sollst jemanden umbringen, der es gar nicht verdient hat. Was machst du da? Dann ist er auch noch so nett!

Niemand hat es verdient zu sterben.

Billabongkönig: Stimmt auch wieder. Aber du weißt, was ich meine. Da ist jemand, der zu dir freundlich ist. Geradezu liebenswürdig. Ganz anders als dieser Kaukasius. Nicht so eingebildet. Er nennt dich »Freund«, obwohl er dich gar nicht kennt. Wie willst du dem bitte schön etwas antun?

»Jetzt nehmen Sie doch meinen Flügel! Warum so scheu?«

Da Ben keine Anstalten machte, den Zahnarzt angemessen zu begrüßen, faltete Roger den Flügel ein. Kurz verhakte er sich. Dann tat er zwei Krallenhüpfer zurück.

»Oder gilt das als unfein in den Mangroven? Ist so eine Begrüßung zu privat? Zu intim? Dann bitte ich vielmals um Entschuldigung. Es ist durchaus nicht schlau, sich gleich Fuß und Flügel zu reichen. Da haben Sie unbedingt recht! Die ganzen Bakterien, die Viren. Bitte nehmen Sie's mir nicht übel! Sie müssen wissen, Sie sind mein erster ...«
Erneut schwirrte Roger einige Meter in die Luft, um äußerst akkurat und gekonnt zu laden.
»Sie müssen wissen«, sagte er und putzte sich das Gefieder, »Sie sind mein erster *internationaler* Gast. Ich bediene sonst nur Krokodile von dieser und von den Nachbarinseln. Dass jemand den weiten Weg quer durch den Ozean ... Aber bitte entschuldigen Sie mein Geplapper! Es hat sicherlich einen Grund, weshalb Sie hier sind. Ich nehme an – Schmerzen, starke Schmerzen? Bitte öffnen Sie Ihren Kiefer!«
»Wie? Hier?«
»Was bitte meinen Sie?«
»Wo ist Ihre Praxis?«
»So etwas kann ich mir noch nicht leisten. Ich behandle im Freien, im Strandsand. Wissen Sie, es gibt hier weniger geräumige Bäume als bei Ihnen, unter denen man ein Behandlungszimmer eröffnen könnte. Nun aber – Maul auf, wenn ich bitten darf!«

Billabongkönig: Ich klappte den Schlund auf und ließ ihn auf die untere Zahnfleischpartie hüpfen. Ich konnte mich nicht entscheiden. Es wäre ein Leichtes gewesen, das Maul zu schließen, zu schlucken …

Stattdessen sprach Ben zu Roger: »Könnfen Fie bitte ein biffchen unfympafhischer fein?«

»Was ist das jetzt wieder?«, räusperte sich der Zahnarzt und lachte. »Leben in den Mangrovensümpfen nur Raubeine? Wäre es, Sie entschuldigen, zunächst möglich, dass wir unsere Konversation kurz einstellen? Ich muss mich jetzt … konzentrieren.«

Billabongkönig: Er durchleuchtete mein Maul. Er war so gründlich, wie ich es selten erlebt habe. Er nahm sich jeden Zahn vor, zog da und dort etwas Ungeziefer, glättete das Zahnfleisch, richtete, sortierte, ordnete. Nach einer halben Stunde war er fertig – und hüpfte aus meinem Maulboden ins Freie.

»Und?«
»Ihr Konkurrent und Sie … ihr … wie soll ich sagen … seid gleich gut.«
»Ach, sind Sie deshalb hier? Um zu testen, ob ich Kaukasius das Wasser reichen kann?«
»Sie kennen Kaukasius?«
»Wer kennt ihn nicht?«

»Dann wissen Sie also auch …« Ben verstummte.

»Was denn? Sprechen Sie ruhig weiter!«

»Dass ich hier bin, um Sie zu …?«

»Was? Wovon reden Sie?«

Ben versuchte es aus einer anderen Richtung. »Können Sie bitte aufhören, ein Zahnarzt zu sein?«

»Aber ich mach mich gerade selbstständig. Ich liebe diesen Beruf. Er ist meine Bestimmung, wissen Sie? Es gibt nichts, was ich lieber tun würde. Wenn ich damit aufhöre …« Roger überlegte. Schließlich antwortete er ruhig und gelassen. »Dann verrate ich mich selbst.«

»Mmh«, knurrte Ben, während die Sonne schon wieder auf seinem Schädel brannte und alle Ideen wegschmolz. »Wenn dem so ist, garantiere ich für nichts.«

Ben glitt in die See zurück. Er hörte noch Roger, der ihm hinterherrief: »Das war heute eine reine Routineuntersuchung. Mit Ihren Zähnen ist alles in Ordnung. Kommen Sie gerne wieder, wenn Sie Probleme haben. Ich weiß nun über Ihr Gebiss Bescheid.«

»Was bin ich Ihnen schuldig?«

»Nichts, gar nichts. Die erste Behandlung ist immer gratis.«

Billabongkönig: Ich schwamm einige Runden um das kleine Eiland herum. Zwar hatte ich bald wieder die Temperatur, um nachzudenken. Doch alles Denken hilft nichts! Sobald du tief in dich reinfühlst, weißt du, dass du niemanden wehtun oder gar töten kannst, der dir nix getan hat. Ich nahm Kurs Richtung Heimat – und fühlte mich als Versager. Ich hatte einen klaren Auftrag. Ich hatte ihn versiebt. Gleichzeitig fiel etwas ab von mir. Als wäre ich zuvor mit Ballast geschwommen.

Doch je näher er den Mangroven kam, desto stärker kroch diese Angst zurück.

Billabongkönig: Gut gesagt! Ich durchdachte immer wieder dieselben Fragen. Was wird mich dort erwarten? Die Gesetzeshüter des Dschungels? Knast? Obwohl ich der König der Gegend war, konnte ich gegen viele kleine Tiere nichts ausrichten. Wenn sich dein Volk gegen dich stellt, hast du keine Chance!

Warum gibt es dann so viele, die ein Land fast allein beherrschen?

Billabongkönig: Das brauchst du mich nicht zu fragen. Das sind menschliche Angelegenheiten. Menschengedanken.

Ach ja – und Kaukasius?

Billabongkönig: Punkt für dich! Das war so ein Typ. Entweder mir gehört alles – oder nichts.

Ben schwamm. Die Strömung war mit ihm. Doch er wollte nicht ankommen. Ben freute sich sogar über Rochen, die ihm begegneten. Manche sprach er direkt an, wohin er sie schippern sollte.

Billabongkönig: Mit einigen hab ich mich unterhalten. Und einem hab ich von meinem Problem erzählt. Er hat gut zugehört. Doch er wusste auch keine Lösung.

Am einhundertsiebzehnten Tag seiner Reise – die Sonne fiel schon am Horizont ins Meer – entdeckte Ben in einiger Entfernung etwas Schuppiges. Es glitt durch die Wellen, die sich in der Dämmerung nur noch schemenhaft abzeichneten.
»Eeh, Sie! Sie dahinten, warten Sie!«
Das Billabongweibchen zuckte zusammen. »Haben Sie mich erschreckt! Was gibt's denn?«

»Wohin sind Sie unterwegs?«

»Ich weiß nicht, was Sie das angeht?!« Sie drehte ab. Ben ruderte ihr hinterher. »Bitte! Wer schickt Sie?«

Die Krokodilsfrau, die bisher an ihm vorbeigeschaut hatte, fixierte Ben. Er sah ihr leicht nach hinten versetztes Auge.

»Wie kommen Sie darauf, dass mich jemand herschickt? Ich bin eine Billabongkönigin. Ich höre nicht auf Befehle.«

»Es ist nur …« Ben stutzte. »Weil Sie … und Ihre Kumpane mehrmals durch meine Sümpfe geschwommen sind.« Ben nahm sich ein Herz. »Was machen Sie da? Wieso verlassen Sie Ihr Revier? Das ist absolut ungewöhnlich.«

»Ich weiß wirklich nicht, wieso ich Ihnen hier auf dem Meer … Ich muss weiter!«

Damit tauchte die Billabongkönigin durch die Wellen. Sie hatte sich nicht verabschiedet.

Billabongkönig: Irgendetwas war faul, oberfaul, geradezu gammelig. Das war mir jetzt klar. Ich nutzte die letzten Tage, um immer wieder darüber nachzudenken. Es gingen seltsame Dinge vor sich, Dinge, von denen ich noch zu wenig wusste.

Die Verhaftung

Am vorletzten Tag sah Ben zwei andere Krokodile. Sie schwammen schnurstracks an ihm vorbei. Eines von ihnen hatte eine Narbe am Bauch. Ben rief ihnen hinterher. Sie tauchten ab und verschwanden.

Billabongkönig: Ich wollte sie verfolgen. Ich wollte alles auf eine Karte setzen und sie zur Rede stellen. Doch keine Chance! Ihre Energiereserven schienen noch gut gefüllt, während ich ständig Pausen brauchte. Ich durfte mich nicht übernehmen. Hungerkünstler hin oder her.

Ben schwamm und schwamm. Am hundertzwanzigsten Tag, vier Monate, nachdem er aufgebrochen war, um dem anderen Zahnarzt etwas anzutun, war Ben nur noch Schuppen und Knochen. Die Wirbelsäule zeichnete sich unter seinem Rücken ab. Die Haut, die den Schädel umspannte, wirkte eingefallen. Selbst die Füße und Schwimmhäute hatten schon bessere Tage hinter sich. Ben merkte, wie er immer langsamer vorwärtskam.
Da erblickte er seine Insel. Fünf Stunden später erreichte er abgekämpft den Sumpf, den er seine Heimat nannte. Tränen schwammen in seinen Augen ...

Billabongkönig: Wobei ich nicht wusste, ob ich heulte, weil ich wieder zu Hause war oder aus Angst vor dem, was mich hier erwartete. Wenn du so ausgezehrt bist, funktioniert dein Gehirn nicht richtig. Du kannst nicht mehr zuordnen, was du fühlst. Du siehst Dinge, die so nicht stimmen.

Du hattest Angst, eine Fata Morgana zu sehen?

Billabongkönig: Ja, genau. Die kriegt man nicht nur in der Wüste, wenn man zwei Tage lang nichts zu trinken hat. Die bekommst du auch auf dem Meer. Ich träumte von fetten Fischen, die mir ins Maul schwammen. Von enormen, vierhundert Kilogramm schweren Thunfischen, die sich mir opfern wollten. Von Meerbrassen so groß wie Mangrovenbäume und Lachsen, deren einziger Zweck es war, sich freudvoll in mein Maul zu schlängeln. Doch ich besaß lange nicht mehr die Kraft, welche von ihnen zu fangen.

In diesem Zustand, der einer Geisteskrankheit gleichkommt, entdeckte Ben die Parade am Ufer. Seekühe hatten sich da versammelt, Affen, Tiger, handtellergroße Spinnen und sogar kleine, neongrellbunte Frösche. Die ganze Mangrovenwelt schien den Billabongkönig zu erwarten.

Billabongkönig: Für einen Moment glaubte ich, dass sie sich freuen, mich zu sehen. Ich hörte sie schon jubeln und klatschen. Ich hörte sie »Bravo!« rufen und johlen.

Dann erkannte er – Kaukasius. Der Zahnarzt hatte sich zielgenau in die Mitte des Empfangskomitees gestellt. Ein kleiner, unangenehm selbstbewusster König. Friedolin, Patrick und Ilona umringten ihn. Sie bildeten einen unüberwindbaren Schutzwall aus Schuppen, den niemand betreten durfte. Schnell war Ben klar: Sie alle waren hier – wegen ihm. Allerdings nicht, um den Billabongkönig willkommen zu heißen ...

Billabongkönig: Du bist vier Monate unterwegs. Du hast Abenteuer erlebt. Du hast gehungert, mit Rochen gesprochen, Containerschiffen hinterhergesehen und die Flugbewegungen der Fliegenden Fische studiert. Du hast alles gegeben und so gehandelt, wie du handeln musstest.

Ben paddelte weiter. Wäre er umgedreht, hätte er die nächsten Stunden nicht überlebt. Der Billabongkönig brauchte dringend Futter.
»Willkommen zurück!«, fiepste Kaukasius. Des Grätenziehers Stimme drang unangenehm an Bens Trommelfell. Langgezogen und hoch, mit einem dunklen Unterton, als würde ein

Akkordeonspieler mit Absicht in eine quietschige Tonlage rutschen.

»Wie ich höre«, sprach Kaukasius weiter, »wurde mein Auftrag nicht erfüllt. Wie kann das sein?«

Da Ben nicht antwortete, befahl Kaukasius einer der Seekühe: »Wirf ihm einige Fische zu, auch wenn er sie nicht verdient hat!«

Die Seekuh rekelte sich am Ufer. Mit tiefer, widerhallender Stimme sprach sie: »Wir … ernähren … uns … von … Wasserhyazinthen … Ihro …Exzellenz. … Von … Seegras … Algen … und … Mangrovenblättern. … Wir … haben … keine … Fischvorräte … die … wir … teilen … können.«

»Dann treibt ihm einen Schwarm zwischen die Kiefern! Das kann doch bei eurer Körpergröße nicht schwer sein.« Die Seekühe wandten die Köpfe. Es sah so aus, als wollten sie nicht gehorchen. Patrick, Ilona und Friedolin hoben die Häupter. Sie zogen die Lippen auseinander. Ihre fein geschliffenen Zähne blitzten.

Die schweren Tiere robbten ins Wasser. Mit einem Platsch tauchten sie in die Fluten.

Billabongkönig: Es war beeindruckend, wie diese Front von Seekühen auf mich zuschwamm. Das macht einem fast schon Angst. Doch ich wusste ja, was sie vorhatten. Sie trieben einen Schwarm vor sich her. Ich musste nur zuschnappen. Ich verschlang sieben Fische auf einmal. Dann noch mal sieben. Und drei als Nachspeise.

Die Seekühe trollten sich, und Ben war wieder das einzige Tier im Wasserloch.

»So«, hob Kaukasius erneut an. »Ich hoffe, Sie können uns jetzt besser folgen. Ihr Auftrag, mein Anliegen.«

Kaukasius zog den Zettel langsam aus dem Gefieder. »Der Wunsch, den Sie mir versprochen hatten.«

»Ich, also, hört mal! Patrick, Ilona, Friedolin! Wisst ihr, was ich für ihn machen sollte?«

Ben erzählte seine Geschichte. Er berichtete von den Wellen und den Inseln, vom warmen Strandsand und diesem überaus netten Krokodilwächter. »Hättet ihr das gekonnt? Jetzt mal ehrlich!«

Bevor die drei Billabongkönige antworteten, meldeten sich die Tiger zu Wort. »Wunsch ist Wunsch«, brüllten sie. »Das ist das Gesetz des Dschungels.«

Billabongkönig: Moment mal! Du sprichst jetzt schon zum zweiten Mal von Tigern. Tiger gibt es in Australien gar nicht.

Wir befinden uns nicht in Australien. Wir sind in Südostasien. Irgendwo in den Mangrovensümpfen. In der *Nähe* von Nordaustralien.

Billabongkönig: Ahh! So kamst du auf meinen Namen.

Korrekt.

Billabongkönig: Wo wir schon mal dabei sind: Krokodilwächter leben weder in Nordaustralien noch in Südostasien. Die haben in Afrika ihre Zahnarztpraxen.

Ein wenig Fantasie wird mir ja wohl gestattet sein.

Billabongkönig: Ich weiß nicht. Ich bin für die Wahrheit.

Ach ja? Tiere, die sprechen können. Tiere, die sich menschlich verhalten.

Billabongkönig: Überzeugt! Weiter im Text!

Wo waren wir? Genau!

»Wunsch ist Wunsch«, brüllten die Tiger. »Das ist das Gesetz des Dschungels.«

»Aber der Vogel hatte doch nichts getan! Dieser Rogi wollte einfach nur …«

Kaukasius fuhr dazwischen. »Ach, sind wir schon so vertraut mit ihm? ›Rogi‹, dass ich nicht lache! Sie lassen sich um den Finger wickeln. Ihr Auftrag war völlig klar. Ich habe einfach nur eingefordert, was Sie mir schulden. Hier, Ihre Unterschrift!«

Jetzt nickten die Frösche. Sie quakten und hüpften aufgeregt auf und ab. »Wir, als oberste Richter, sind unbedingt der Meinung, dass Sie schuldig sind. Laut Paragraf 77, Absatz d, Spalte 9 im Gesetzbuch der Tiere. Da steht es schwarz auf weiß: ›Wer gegebene Wünsche nicht einhält und sich den Anordnungen des Wunschbevollmächtigten verweigert, muss mit einer Gefängnisstrafe von zwanzig Jahren rechnen.‹«

»Bis dahin sind meine Schuppen faltig. Die Zeichnungen auf meiner Haut verblassen ja jetzt schon. Das kann doch nicht sein. Ich kann doch nicht für ein Verbrechen …«

»Sehr richtig. Verbrechen! Sie haben ein Verbrechen begangen«, fiel ihm Kaukasius erneut ins Wort.

»Affen, holt die Netze ein!«

Billabongkönig: Ich versuchte zu fliehen. Kroko, der Krokodilsgott, ist mein Zeuge! Ich drehte bei, peitschte mit dem Schwanz durchs Wasser und schwamm, schwamm um mein Leben. Doch die Affen waren verdammt gut vorbereitet.

Sie jagten zur Mündung der Sümpfe, die weit, weit ins offene Meer hineinführte.

Billabongkönig: Exakt die Stelle, durch die ich mich vor genau hundertzwanzig Tagen aus dem Staub gemacht habe. Auf diese höchst ungewisse, gemeine Reise …

Sie gaben sich Zeichen mit ihren Händen, pfiffen mehrmals und zogen etwas empor …

Billabongkönig: … das ich zu spät als ein Netz erkannte. Ich verzappelte mich darin, biss, biss hinein, doch verletzte nur meine Maulwinkel und war gefangen. Die Affen zogen mich zu beiden Seiten des Ufers in eine Ecke des Sumpfes, die ich nur ungern aufsuchte. Dort war das Wasser morastig, brackig. Der Schlamm dominierte. Man konnte nur trübe sehen.

Mit aller Kraft hoben sie den im Netzwerk aus Seilen gefangenen Krokodilskörper in die Höhe und warfen ihn in ein Holzgatter, das dort im Wasser stand. Vier große Pflöcke ragten an jeder Ecke des Käfigs aus dem Sumpf heraus. Es war ein kleines Gatter, und zwischen den Pflöcken befand sich ein dichtes Gesträuch aus Hölzern, ein Geschlinge, durch das der Billabongkönig nicht schlüpfen konnte.

Langsam wickelten sie ihn aus dem Netz. Verächtliche Reden wurden auf ihn gehalten.

»Wie konnte er nur?«

»Dass er uns so getäuscht hat!«

»Nie hätten wir ihm das zugetraut!«

»Da sieht man wieder, dass auf das Wort eines Billabongkönigs kein Verlass ist!«

Andere spuckten ins Brackwasser, wo er gefangen war.

Dann, nach einigen Minuten, in denen die Verhandlung offensichtlich vorüber und das Strafmaß vollstreckt war, kletterten die Affen zurück auf die Bäume. Die Frösche hüpften von dannen und steigerten sich in ihre Gesetzestexte hinein. Die Seekühe schoben sich grunzend durchs Wasser. Die Tiger tigerten in ihre Jagdgebiete zurück.

Ben war gefangen. Vom höchsten Gericht verurteilt. Von niemandem angehört. Allein.

Billabongkönig: Allerdings muss ich eines sagen. Wenn sich deine größte Angst erfüllt, ist es erst mal gar nicht so schlimm. Du kannst nicht glauben, was gerade geschehen ist. Du zwickst dich, weil du denkst, du wachst aus dem Alptraum auf. Dann suchst du nach Möglichkeiten zur Flucht. Ich suchte jeden verdammten Zentimeter des Käfigs nach einer Lücke ab. Doch mehr als einen Fuß oder die Schwanzspitze brachte ich nie hindurch. Auch meinen Schwanz konnte ich nicht gegen die Hölzer einsetzen. Ich hätte mehr Anlauf gebraucht. Mehr Platz zum Paddeln.

Irgendwann gegen Abend begriff Ben, dass es keinen Ausweg gab. Selbst über das Gatter konnte er nicht hinaushüpfen. Die Pflöcke und Seitenwände ragten hoch über den Sumpf empor. Höher, als Krokodile springen können.

Die Dämmerung verwandelte sich in eine düstere, dunkle Nacht. Da flügelte Kaukasius über den Käfig. »Dass du dumm bist, wusste ich das erste Mal, als ich dich in der Praxis hatte. Doch dass du *so* dumm bist, war mir neu. Mir einen Wunsch abschlagen. So weit kommt's noch.«

Ben peilte die Lage. Mit seiner Schwanzspitze kam er in diesem Teil des Sumpfes bis tief zum Grund. Er ringelte ihn zu einer kleinen Spirale.

Kaukasius sprach weiter. »Das ist jetzt mein Reich hier, meines! Du hättest die Chance gehabt, das alles zu behalten. Wenn du nicht so ein wehleidiger Zahnarztgänger gewesen wärst. ›Oh, aua, aua, mein Zahnfleisch!‹«, äffte er Ben nach. »Unwürdig für einen Billabongkönig. Auch das Machtbewusstsein hat dir gefehlt! Wie konntest du nur so dämlich sein, zu glauben, das alles würde immer nur dir gehören. Mir scheint fast, mit deinem Gehirn ist etwas nicht in Ordnung.«

Das war der Moment, in dem der Billabongkönig nach oben schnellte. Kaukasius zuckte und flatterte in die Höhe. Ben biss zu.

> Billabongkönig: Immerhin, einen Zeh hab ich von ihm erwischt.

Aber leider nicht mehr.

> Billabongkönig: Dafür hat er mit seinen bescheuerten Reden aufgehört.

Und du hattest die nächsten zwei Wochen nichts zu fressen.

> Billabongkönig: Zugegeben, das war ein Nachteil.

Trotzdem bewundere ich dich für deinen Mut. Das hätte sicher nicht jeder getan.

> Billabongkönig: Danke. Jetzt hör aber auf! Ich werd schon rot.

Ben platschte zurück ins Wasser. Dort sammelte er sich und hörte, wie Kaukasius mit Wehgeschrei in den Dschungel stob. Die Sterne, dachte Ben, sind meine letzten Verbündeten. Er stellte sich vor, wie er Linien zwischen ihnen zog und wie sie nach einer langen Suche ein Wort ergaben: »Freiheit«.

> Billabongkönig: Da wusste ich, dass ich längst schon träumte. Wenn du die Linien der Sterne nachziehst, ergeben sich bestenfalls Sternzeichen. Keine Worte. Trotzdem machte mir dieser Traum Mut.

Im Käfig

Hattet ihr schon mal ein Seil zwischen euren Mundwinkeln? Nein? Seid froh! Die Ränder entzünden sich, und wenn ihr zufällig in einem Sumpf gefangen seid, trägt das auch nicht gerade zu einer Heilung bei.

Billabongkönig: Das Einzige, was mir Genugtuung bereitete, war Kaukasius. Ihn so zu sehen. Mit Gips.

Jeden Morgen machte Kaukasius seine Runde am Ufer. Ben beobachtete ihn durch eine Lücke im Gatter. Ein dicker Gips umspannte einen Teil seines linken Fußes, und Ben bildete sich ein, die unangenehmen Schmerzen im Gesichtsausdruck des Krokodilwächters zu erkennen.

Billabongkönig: Ehrlich gesagt, weiß ich nicht sicher, ob er Schmerzen hatte. Ich nehme es an. Er war zu weit weg. Immerhin kam er nicht mehr zu mir geflattert.

Logo, mit diesem Ding kann man nicht gut fliegen!

Billabongkönig: Was mich allerdings irritierte: Dass er immer auf einem Billabongkönig ritt. Entweder auf Patrick, Ilona oder Friedolin. Das sah ungut aus. Nicht richtig! Niemand sollte einen anderen dafür hernehmen, sich herumtragen zu

lassen. Es sei denn, der Herumgetragene bezahlt dafür. Und zwar ordentlich!

Trotz dieser Ablenkungen war Ben oft langweilig. Die Zeit dehnte sich, während die Sonne vom Himmel brannte. Sein Käfig war ihm zu klein. Kaum dass er in die eine oder andere Richtung rudern konnte.

In manchen Nächten erschien einer der Billabongkönige vor seinem Gatter. Ilona war die erste Besucherin. Vier Tage hatte Ben nichts gefressen. Er erkannte sie lange nicht. Zu undurchsichtig war der Morast.

»Ben … Beeenn«, flüsterte sie vorsichtig. »Bist du wach?«

»Was soll ich denn sonst sein? Glaubst du, hier drin kann ich friedlich schlafen?«

»Ich hab dir Fisch mitgebracht.« Sie schob einige der schuppigen Tiere durch eine kleine Lücke im Holz.

»Danke. Lieber wäre mir«, knurrte Ben, »wenn ihr zu dritt da wärt – und das Gatter zerstören tätet.«

Ilona sagte nichts.

»Merkt ihr eigentlich, was ihr seid? Erfüllungsgehilfen dieses kleinen Vogels. Das seid ihr!«

»Wir sind seine Leibwächter«, zischte Ilona.

Wieder entstand eine unangenehme Pause. »Seit wann dienen wir?«, fragte Ben. »Wir sind die Herrscher über die Mangroven, oder etwa nicht?«

»Weißt du, Ben, wir waren alle auch nicht immer begeistert, wie *du* dir das in den Sümpfen vorgestellt hast. Du hast bestimmt, wer wo lebt. Wer welches Revier hat und wo wir schwimmen dürfen. Ja, selbst wo wir jagen sollen. Wir konnten dazu nur nicken.«

Ben geriet außer Fassung. Seine Augen blickten durch das trübe Gewässer zu Ilona. »Aber … ihr habt ja nie was … gesagt. Ihr … Ihr hättet mir wenigstens … Wir hätten doch über alles reden …«

»Ach, Ben!« Damit schob sie ihm vier weitere Fische durch die Lücke, hob einen der Vorderfüße und zog davon.

In der nächsten Nacht erschien Friedolin.

»Hast du mir auch Fische mitgebracht?«

»Tatsache! Woher weißt du das?«

»Gestern war Ilona hier. – Wieso lasst ihr euch hier herumbefehlen? Wieso tragt ihr Kaukasius durch die Gegend?«

»Er muss sich sein Reich doch anschauen. Das machen Könige so.«

»Ach ja, mir hat es immer gereicht, wenn ich wusste, dass alles so halbwegs lief. Wenn alles im Einklang war, verstehst du?«

»Tja, das ist die alte Führung. Das ist nicht sehr modern. Warte mal, psschtt!«

»Was ist?«

»Sei doch still! Da knackt was …« Friedolin horchte gespannt hin.

»Sag mal, hast du … Angst?«

Friedolin antwortete schnell. »Es ist keinem erlaubt, mit dir zu sprechen. Auch mir nicht.«

»Pfftt …«

Billabongkönig: Das konnte ich echt nicht fassen! Friedolin fürchtete sich. Vor acht Monaten hätte der noch gelacht, wenn ein Ast geknackt hätte. Ach was, er hätte es nicht mal bemerkt! Und jetzt …

Tja, Dinge ändern sich. Und manche Dinge sieht man erst klar, wenn man ein wenig Abstand hat.

Billabongkönig: Was soll diese Lebensweisheit jetzt wieder? Bist du hier, um die Geschichte zu erzählen oder Blödsinn zu verzapfen?

Ich verzapfe nichts. Ich zapfe hundert Prozent hervorragende Geschichten.

Billabongkönig: Ähm, ja … jeder soll seine Meinung haben. Auch du! Wobei ich dir bei einer Sache schon recht geben muss: Kaukasius hatte sich verändert. Wann immer ich ihn morgens am Ufer hörte, klang seine Stimme bedrohlicher. Fast so, als würden Töpfe zu Boden scheppern. Das ist mir früher nie aufgefallen. Obwohl ich mir sicher bin, dass er auch schon in seiner Praxis genau so gesprochen hat.

Siehst du, sag ich doch! Mit Abstand erkennt man was, das man erst normal fand. Man lernt Leute eben besser kennen.

Billabongkönig: Okay, von mir aus. Aber das bringt uns jetzt auch nicht weiter! Ich war gefangen.

Tatsache, das warst du!

Ben betrachtete Friedolins Augen. Sie waren vor Sorge geweitet. Dann hörten sie, wie sich ein Affe an einer Mangrove herabhangelte.

Friedolin atmete lange aus. »Alles klar, Glück gehabt, die Luft ist rein.«

Ben verzog leicht die Mundwinkel. »Du kannst Kaukasius aufessen. Du kannst ihn hinunterschlucken. Du brauchst keine Angst vor einem Krokodilwächter zu haben.«

»Hast du die Regeln vergessen? Wir fressen keine Krokodilwächter …«

»Ja, genau. Deshalb habe ich auch diesen Roger da nicht gefuttert. Doch vor allem …«

»Moment«, unterbrach Friedolin. Flüsternd setzte er hinzu: »Wir fressen keine Krokodilwächter, die in unserer Gegend leben. Bei den anderen ist es Ermessenssache.«

»Wer sagt das?«

»Er, Kaukasius.«

»Und das glaubst du ihm?«

»Ja, hört sich doch logisch an. Was haben wir mit den anderen schon zu schaffen?«

»Mann, das sind auch Lebewesen!« Ben bäumte sich in seinem Käfig auf. »Das sind Geschöpfe mit einem schlagenden Herzen. Das sind Tiere genau wie du, keine Nahrung.« Am liebsten hätte er seinen Kumpan durch die Gitterstäbe hindurch geschüttelt.

Friedolin dachte einen Augenblick länger nach. »Hey«, sagte er mit einer Stimme, die lustig klingen sollte. »Fast hättest du mich gekriegt. Aber das geht nicht auf. *Du* hast einen Zettel unterschrieben. *Du* stehst in seiner Schuld.«

»Ich kann doch keinen Unschuldigen fressen. Was hat mir dieser Typ getan? Er kannte sogar Kaukasius und respektierte ihn.«

Friedolin zuckte die Vorderfüße. »Dann hättest du eben nichts unterschreiben dürfen. Wunsch ist Wunsch. So, ich muss los!

Kein Wort zu irgendwem. Sonst gibt es diese Besuche nicht mehr.«

Ben schnaubte. »Auf solche Besuche kann ich auch verzichten!«

Billabongkönig: Das stimmte natürlich nicht. Wenn du gefangen bist, greifst du nach jedem Strohhalm. Du musst dich ablenken. Du brauchst nicht nur Futter. Du brauchst Gehirnfutter. Sonst wirst du wahnsinnig.

Kaukasius wusste das. Er setzte Ben immer wieder auf Diät. Er verbot, dass andere mit ihm sprachen. Er stellte sogar Patrouillen auf, die das Gewässer im Blick hatten. Zum Glück ließen sich diese Affen schnell ablenken. Sie verquatschten sich, fraßen, lausten sich gegenseitig das Fell oder versanken im Anblick der Sterne.

Ben paddelte in dem kleinen Geviert herum. Manchmal war mehrere Nächte nichts los. Dann erschien wieder Ilona. Kurz darauf ließ sich Friedolin blicken. Als plagte sie etwas, dass sie sich nicht erklären konnten.

Billabongkönig: Es war gut, ihre Stimmen zu hören. Gut für mich! Doch es brachte mich keinen Deut weiter. Das Gatter stand noch genauso da wie vor sieben Wochen. Außerordentlich stabil. Stark. Unzerstörbar für einen, der drinnen war.

Wäre der kleine Ben nicht gekommen, ich glaube, das alles hätte mich früher oder später kaputt gemacht. Aber nicht wegen des knappen Fressvorrats. Ich hätte Depressionen da drin gekriegt. Totale Mattscheibe.

Ben? Warte mal! *Du* bist doch Ben!

> Billabongkönig: Kennst du deine eigene Geschichte nicht mehr? Da gab es doch einen kleinen Krokodilwächter.

Ach ja, genau. Tschuldigung! Also weiter: Ben, der Billabongkönig, hatte schlecht geschlafen. Seit er gefangen war, sank er im Traum nach unten und schwebte nur nach oben, um Luft zu schnappen. Er war umgeben von Sumpf und Schlamm. Selbst seine Träume waren erfüllt davon. Schlammträume. Morastgedanken. Als wabere die träge, brackige Masse in ihm herum. Als nähme sie Besitz von seinem Geist.

> Billabongkönig: Da kam dann Ben. Ben, der Krokodilwächter.

Jaja, ich weiß. Jetzt lass mich doch weitermachen!

> Billabongkönig: Du schweifst ab! Deshalb hab ich dich unterbrochen. Wir wissen jetzt, wie es in meinem Käfig aussah. Wir können es uns sehr bildhaft vorstellen!

Schon gut! Ein bisschen Fabulierkunst sei mir ja wohl gestattet!

Billabongkönig: Was für'n Ding?

Egal!

»Ben? Beeheeennnnn?« Etwas kitzelte seine Nase. Der Billabongkönig wollte nicht aufwachen. Was sollte er mit seinen Tagen anfangen? Hier drinnen, im Gatter? Er pustete durch die Nüstern und presste die Augen zu.

Die Stimme verschwand … doch sie kam schnell zurück. »Ben, Alter! Jetzt wach schon auf! Ich bin es. Ich habe dir was zu sagen.«

Der Billabongkönig öffnete vorsichtig ein Auge. Blinzelte. Langsam zog er das dritte Lid zur Seite. Dann klappte er das vierte, fünfte und sechste auf.

Billabongkönig: Du solltest den Leuten vielleicht erklären, dass wir Krokodile sechs Augenlider haben. Eines oben und unten wie ihr. Dann noch ein drittes, das zur Seite aufgeht. Es ist durchsichtig und schützt uns unter Wasser vor Dreck.

Was in diesem Schlamm sinnvoll ist.

Billabongkönig: Absolut!

Ben starrte in die Luft. Es war ziemlich früh. »Wer stört meine Gefangenschaft?«
»Ich, ich, ich! Jetzt stell doch endlich die Augen schärfer! Ich bin es! Dein Freund.«
Ben stellte sich stolz vor Ben. Der kleine Vogel blähte die Brust.
Der Billabongkönig rümpfte die Nase. »Ein Krokodilwächter«, sagte er schließlich.
»Wahnsinn, diese Intelligenz! Wie hast du das nur erkannt? Ich muss wirklich sagen, Hut ab, so eine Klugheit – und schon am Morgen …«

»Lass mich in Ruhe! Es reicht schon, dass ich mich selbst nicht leiden kann. Da brauche ich nicht noch Schützenhilfe!«

»Aber … Ich hab dir was WICH-TI-GES zu sagen!«

Der Billabongkönig sah das geflügelte Wesen über sich. Es flatterte jetzt nervös auf und ab.

»Ben?«, fragte der Billabongkönig. »Bist du es?«

»Ja, der Krokodilwächter, der deine Magenausdünstungen aushalten musste. Der Junge, der immer ausreißt. Der dir ein Geheimnis verraten wollte. Doch dann kam ja Mama. Weißt du noch?«

»Jaja, alles klar. Was gibt's?«

»Weißt du, warum wir Krokodilwächter verschwunden sind?«

Stimmt, dachte der Billabongkönig, da war doch was!

»Weil Patrick uns frisst.«

»Wie bitte?«

»Weil er uns weghappst. Hamm!«

Billabongkönig: Spätestens jetzt war ich hellwach. Ich musste mich verhört haben. Das konnte doch alles nicht sein!

»Ja«, sagte Ben. »Patrick frisst uns. Er hat einen Onkel von mir verputzt. Und eine Tante zweiten Grades. Wir sind dann alle geflohen. Kaukasius wollte der Einzige sein. Der Einzige, der euch die Zähne pflegt!«

Billabongkönig: Es war, als verschoben sich Kontinentalplatten in mir.

»Und wieso sagt ihr nichts? Ich meine, ihr könnt doch nicht einfach die Dinge hinnehmen. Ihr müsst euch zur Wehr setzen! So geht das nicht.«

»Ben? Beeeheenn?« Der Billabongkönig und der Krokodilwächter blickten in eine Richtung.

»Oh, nein! Mama …«

»Schnell, komm rein!«

Ben, der Billabongkönig, öffnete rasch sein Maul. Ben, der Krokodilwächter, schlüpfte hinein.

Die Krokodilwächterin erschien im Himmelsausschnitt des Gatters. »Oh, entschuldigen Sie! Haben Sie meinen Sohn gesehen?«

»Iff, nein! Wiefo?«

»Mmh, irgendetwas sagt mir, dass ich diese Situation schon mal erlebt habe.«

»Siffer ein Défà-vu. Daf paffiert manfmal. Daf kenne iff. Feine Täufung. Man flaubt, etwaf schon genau fo …«

Die Krokodilwächtermama blickte Ben länger an. »Öffnen Sie doch mal Ihr Maul!«

»Mach schon auf, Ben! Wir sind überführt.«

Der Billabongkönig öffnete seinen Rachen. Die Krokodilwächterin schimpfte los. »Ich habe es immer gesagt. Immer! Nimm dich in Acht vor ihnen! Fast wärst du gefressen worden! Na, warte, ich werde ihm eine Lektion …«

Die Krokodilwächterin zog ihren Schnabel auf.

»Stopp!« Der kleine Krokodilwächter stellte sich zwischen seine pickbereite Mama und die empfindliche Krokodilsschnauze. »Er ist der Letzte, der uns helfen kann!«

»Ach ja, nachdem er dich fast verschluckt hat ...«

»Das würde er niemals tun. Ben ist auf unserer Seite.«

»Selbst, wenn ich dir glaube – und ich sage noch nicht, *dass* ich das tue –, selbst dann weiß ich nicht, wie *der da* uns helfen kann.« Ihr Schnabel zeigte abfällig auf die Krokodilsschnauze. »Sollen wir ihn zu zweit aus dem Gitter ziehen? Das würden wir nicht mal schaffen, wenn wir zehntausend wären. Außerdem habe ich dir beigebracht, dass wir niemand anbetteln. Wenn uns die Billabongkönige nicht mehr brauchen, bitte!«

»Mama, das mag ich nicht an Erwachsenen. Eure Sturheit! Wollen wir wieder in Freiheit leben oder sollen wir uns dauernd verstecken?«

Die Krokodilwächterin zog langsam ihren Schnabel zurück und setzte sich behutsam auf Bens Schnauze. Dort legte sie den kleinen Kopf in den Nacken und dachte nach. Ihr Stirnband schimmerte. »Was soll es uns bringen, wenn *er* auf unserer Seite ist? Schau doch, das Krokodil ist gefangen!«

Ben, der Billabongkönig, räusperte sich. »Hören Sie, ich bin immer noch ein Billabongkönig. Auch in Gefangenschaft. Im Übrigen habe ich da eine Idee.«

»Und die wäre?« Die Krokodilwächterin entfaltete leicht die Flügel.

»Sie ist ... sie ist noch nicht ausgereift.«

Die Krokodilwächterin trat einen Schritt zurück. »Gibt es sie wirklich? Ihre Idee, meine ich.«

»Jaja, aber ich brauche Zeit.«

»Wie auch immer!« Sie faltete wieder die Flügel ein. »Wir müssen ohnehin beratschlagen, ob wir mit *Ihnen* zusammenarbeiten wollen. Das kann ich nicht allein entscheiden. Dazu braucht es den Rat der Ältesten.«

»Und der Jüngsten« fügte das Krokodilwächterkind hinzu.

»Durchaus auch den.«

Die Krokodilwächterin flügelte sanft empor. »Mmh, mmh, wissen Sie eigentlich, dass Sie ganz schön zerschundene Maulwinkel haben ... Ein Wunder, dass Sie überhaupt noch sprechen können!«

> Billabongkönig: Daran hatte ich schon lange nicht mehr gedacht. Dieser Schmerz war bereits so vertraut, dass ich ihn nicht mehr wahrnahm. Natürlich spürte ich ihn. Es tat weh. Doch ich konnte nichts gegen ihn tun.

Das sollte man nie machen. Einen Schmerz hinnehmen.

> Billabongkönig: Ach ja?! Hätte ich Kaukasius um Hilfe bitten sollen? Ja, warum nicht?! Vielleicht hätte er mich sogar freigelassen ... Tsss! Besonders schlaue Ratschläge haben immer die, die gar keine Ahnung haben!

Kein Grund, ausfällig zu werden!

Billabongkönig: Ist doch wahr! Hattest du schon mal Schmerzen?

Hatte ich.

Billabongkönig: Hast du was dagegen gemacht?

Zu spät.

Billabongkönig: Na gut, aber das ist deine Geschichte. Meine geht anders. Deine kannst du jederzeit an anderer Stelle …

Still jetzt! Es geht weiter.
Die Krokodilwächterin segelte noch immer vor Ben herum.
»Machen Sie mal den Schlund auf! Darf ich?«
Der Billabongkönig nickte.
Die Krokodilwächterin zog eine Tinktur aus ihrem Gefieder, sammelte Spucke im Mund und vermischte die Flüssigkeit und den Speichel zu einer Salbe. Die trug sie dem Billabong-könig auf.

Billabongkönig: Das war voll eklig! Könnt
ihr euch vorstellen, oder?! Ihre Spucke bei
mir im Mund. Aber hey, das Zeug wirkte …

Es wirkte sogar so fantastisch, dass er sich kurz wie
ein kleiner König fühlte.
»Danke!«, brummte Ben.
»Keine Ursache. Vielleicht merkt ihr euch mal, wer eure wah-
ren Zahnpfleger sind. Doch diese Hoffnung, tja«, seufzte sie,
»habe ich fast schon aufgegeben.« Damit entschwebte die
Krokodilwächterin.
»Sie meint es nicht so«, fiepste ihr kleiner Sohn.
»Doch, ich meine es ganz genau so! Und jetzt komm endlich!«

Sieben vergorene Früchte

Die Tage zogen dahin.

Wenn man eine Idee hat, passiert ja nicht sofort was. Ben stellte sich vor, wie die Krokodilwächter beratschlagten. Doch Vögel sind sprunghaft. Was sie in einer Sekunde beschließen, kann in der nächsten schon wieder anders sein.

Manchmal kam Ben, das Krokodilwächterkind, vorbei. Es spielte Apotheker und brachte ihm seine Salbe. Dann erzählte es von den Zusammenkünften.

»Gestern waren wir tausend.«

»Wie – du hast alle gezählt?«

»Nein, aber geschätzt.« Der Krokodilwächterjunge hüpfte vor Ben herum. »Du, das wird was! Da ist was im Busch. Alle wollen deine Idee hören. Verrat sie mir!«

Billabongkönig: Das jedoch war das Problem! Ich hatte keine. Es war mir so rausgerutscht.

Du wolltest einen Keim der Hoffnung säen.

Billabongkönig: Wenn du es so geschwollen ausdrücken magst, ja. Ich wollte was in der Hand haben. Den Krokodilwächtern etwas bieten.

Der Billabongkönig kratzte sich mit der Stirn am Käfig. »Gib mir noch einen Tag! Einen einzigen. Dann ist meine Idee ausgereift.«

»Das sagst du jetzt seit zwei Wochen. Lange wollen sie nicht mehr warten. Es gibt sogar Stimmen, die sagen, du hättest gar keine Idee. Die sagen, du wärst ein ausgedienter alter Billabongkönig, der den Rest seines Lebens in einem Käfig zubringt. Ich rede da immer dagegen. Aber Erwachsene hören einem nie zu.«

Billabongkönig: Am liebsten hätte ich den kleinen Krokodilwächter an mich gedrückt. Doch dann hätte ich ihn mit einem Fuß unter Wasser ziehen müssen. Seine Flügel wären nass und verdreckt geworden. Ich schob meine Schnauze in seine Richtung.

Der Billabongkönig klappte die Kieferknochen weit auf. »Wenn du magst«, sagte er, »kannst du üben.«

»Wirklich?« Das Krokodilwächterkind sah den Billabongkönig mit leuchtenden Augen an. »Meinst du das ernst? Du bist der Erste, den ich … Weißt du, ich bin noch in der Ausbildung! Gerade üben wir nur an Wurzeln und Stämmen. Wir dürfen ja nicht mehr richtig. Kaukasius hat alles unter seiner Kontrolle.«

»Jetzt flieg schon rein!«

»Oh, danke.« Der Krokodilwächter setzte sich in den Rachen. »Na, dann wollen wir mal sehen!«

Die nächsten zwanzig Minuten waren die härtesten, die der Billabongkönig seit Krokodilsgedenken erlebt hatte. Ben, der junge Zahnarzt, machte sich über die obere und untere Zahnreihe her. Er pickte daneben, traf das Zahnfleisch, krallte sich aus Versehen in den Maulboden und in den Gaumen.

»Entschuldige bitte, das ist die Aufregung! Aber eins muss ich dir lassen: Seit du auf Diät bist, riecht es aus deinem Magen gut. Du solltest auch in Zukunft weniger essen. So, nun schauen wir mal!«

Aua! dachte Ben. Auuuaaa!!

Billabongkönig: Ich wollte nichts sagen. Ich wollte ihn nicht verunsichern. Er war mein letzter echter Verbündeter. Ich verbiss mir die Krokodilstränen und hoffte, dass endlich Schluss sei.

»So, fertig! Wie gefällt es dir?«

»Es fühlt sich … Nun ja, mmh … sauber an.«

»Sauber, wirklich? Oh, wie schön! Ich glaube, ich werde ein großer Zahnarzt.«

»Das bleibt zu hoffen.«

»Wie meinst du das?«

»Ach, nichts. Gar nichts. Bitte sag deinen Leuten, dass ich morgen mit der Idee herausrücke! Ich brauche noch einmal 24 Stunden. Dann haut es hin. Die Strömung muss passen und der Mond auf der richtigen Himmelsbahn ziehen.«

»Alles klar, das sag ich.«

»Und noch was.«

»Ja?«

»Hättest du mal die Salbe?«

Ben, der Krokodilwächter, zog die Salbe aus dem Gefieder. Er rieb das Maulinnere des Billabongkönigs ein. Eine Wohltat!

»Also, du sagst es ihnen?«

»Das mit dem Mond und der Strömung?«

»Ja, genau.«

Ben nickte, verbeugte sich zweimal, besah sein Werk von allen Seiten und flog davon.

Billabongkönig: War natürlich alles Quatsch. Ich musste Zeit gewinnen, und ich wusste, viel Zeit hatte ich nicht mehr.

In dieser Nacht erschienen Ilona und Friedolin gleichzeitig. Sie hatten Fisch dabei, und sie wirkten nervös.

»Was ist denn mit dir passiert?« fragte Ilona.

»Was meinst du?«

»Dein Maul«, druckste Friedolin. »Es sieht … speziell aus.«

»Wollest du deinen Käfig aufbeißen?«, fragte Ilona. »Spinnst du, das geht nie gut! Du könntest Kaukasius fragen, ob er dein Zahnfleisch wieder in Ordnung bringt. Was denkst du dazu, Friedolin?«

Friedolin nickte. »Ben!«, sagte er und reckte den Kopf in die Höhe. »Du weißt gar nicht, wie gut sich das alles im Mund anfühlt. Wir haben eine erstklassige Behandlung.«

»Seid ihr noch richtig im Schädel? Schaut her, was er mit mir gemacht hat! Wegen Kaukasius sitze ich hier. Schaut her, was er mit euch gemacht hat! Was wollt ihr?«

»Nichts. Dich besuchen.«

»Das glaub ich euch nicht.«

»Du, pass auf«, rückte Friedolin endlich raus. »Morgen kann es hier … etwas wild werden.«

»Wie meinst du das – wild?«

»Na ja«, druckste Ilona herum. »Wild eben. Das Wasser könnte leicht in Bewegung geraten.«

»Und was interessiert mich das?«

»Wir sind hier«, begann Friedolin von Neuem, »um eine Vorsichtsmaßnahme zu treffen.«

»Jetzt sagt, was ihr vorhabt! Oder haut ab!«

Friedolin und Ilona drehten sich herum und zerrten mit ihren Mäulern etwas in Bens Nähe. Es sah flach aus. Flach und quadratisch.

»Das müssen wir über dein Gatter stülpen.«

»Es ist nur zu deinem Besten«, versicherte Ilona. »Du könntest sonst zwischen die Kampfhandlungen kommen.«

»Welcher Kampf? Sagt mal, seid ihr jetzt alle verrückt geworden?«

Die zwei Billabongkönige sahen sich an, machten ihr Krokodilsklicken …

Billabongkönig: So sprechen wir miteinander. Mit Klicklauten. Das musst du den Kindern schon erklären!

… und die Affen auf den Mangroven rührten sich. Immer mehr versammelten sich am Ufer. Sie warfen die Netze aus und zogen sorgsam und langsam einen Deckel über Bens Käfig. Jetzt

war er auch oben zu. Komplett verschlossen und dicht. Ben hatte nur noch eine dünne Luftschicht zum Atmen.

Die zwei Billabongkönige sahen Ben flehend an. »Wir machen das bald wieder ab. Es ist wirklich nur gut gemeint.«

Ben ächzte und blickte ihnen für längere Zeit in die Augen. Dann deutete er auf sein Herz. »Fühlt es sich auch da drinnen gut an? Ja? Tut es das?«

Ilona sah zur Seite. Auch Friedolin erwiderte nichts. »Da nimm!«, sagte er nach einer kurzen Pause und schob einige Mangrovenfrüchte durch die Lücke. »Vergoren!«, wisperte er. »Wenn du die zu dir nimmst, bist du betrunken. Das wird dir helfen, die Nacht zu überstehen.«

»Morgen, wenn alles vorbei ist«, flüsterte Ilona, »ziehen wir den Deckel wieder herunter. Versprochen!«

»Wenn Kaukasius zustimmt«, schnaubte Ben. »Was, wenn er nicht zustimmt?«

»So weit … so weit wird es nicht kommen. Ilona, los, wir müssen!«

»Wartet! Wo müsst ihr hin?«

»Trainieren.«

»Für was trainiert ihr?«

»Das können wir dir nicht sagen«, riefen sie aus einiger Entfernung zurück. »Das wirst du morgen sehen.«

Billabongkönig: Die Fragen stapelten sich in meinem Kopf. Ich war schlimmer gefangen, als ich es je vermutet hätte. In einem Augenblick wollte ich alle Früchte auf einmal essen.

Ich wollte mich wegschießen. Ungefähr so, als würdet ihr zwei Tafeln Schokolade auf einmal reinschaufeln. Doch ich wusste, ich darf das nicht. Ich wusste, das ist nicht gut.

Ben sah immer wieder die Früchte an. Zwischen dem Sumpf und ihm gab es nur einen kleinen Schacht. Dort schöpfte er Atem. Unter ihm Wasser. Über ihm der Verschluss. Dazwischen die dünne Luftschicht.

Billabongkönig: Ich war kurz davor, panisch zu werden. Ich war kurz davor, wahnsinnig zu werden. Diese Enge! Ich fühlte mich wie begraben. Als wäre ich in einem Sarg. Wenn ich die Früchte esse, sagte ich mir, dann kriege ich das alles nicht mit. Dann schlafe ich ein und wache erst wieder morgen auf. Vielleicht habe ich Träume oder sinke ins Nichts. Doch ich bin weg, weg von hier. ·

Der Billabongkönig öffnete sein Maul. Die vergorenen Früchte dufteten. Der leicht faulige Geruch stieg ihm in die Nüstern. Das wird mir Linderung bringen, dachte er. Da sah er im Augenwinkel einen Affen.
Er war die Vorhut der Patrouille, die nachts auf den Billabongkönig aufpasste.
»Psst! Pssssstttt!«
Der Affe, ein schmächtiger Kerl, schaute auf. »Wer ist da?«
»Ich, ich ...« Ben war völlig außer Atem. Er räusperte sich.
»Ich, der Billabongkönig.«

»Wir dürfen nicht mit dir sprechen.«

»Seit wann lassen sich Affen denn so was sagen?«

Ben sah, wie der Affe den Kopf verrenkte. Unschlüssig stand er in Ufernähe. Dann tippelte er auf den Billabongkönig zu.

Ben reckte vorsichtig den Hals in den Luftspalt. »Wie heißt du denn?«

»Lapislazuly.«

»Wie der Edelstein? Schöner Name.«

»Allerdings hinten mit Ypsilon.«

»Wie ausgefallen! So etwas schätze ich.«

Der Affe legte die Stirn in Falten. »Was willst du? Warte, was duftet denn da? Hast du … Alkohol?«

Der Billabongkönig wartete.

»Hast du jetzt oder hast du nicht?«

Wieder ließ sich Ben Zeit. Dann antwortete er langsam. »Ich habe sieben vergorene Früchte.«

»Sieben? Wirklich sieben?«

Die Patrouille rückte an. »Hört mal, Jungs, der hat sieben Früchte.«

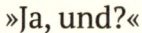

»Ja, und?«

»Vergoren, Leute. Komplett vergoren. Riecht ihr das?«

Die Affen hüpften aufs Gatter. Sie griffen durch die Stäbe. Sie versuchten, die Früchte zu schnappen. Mit einem Happs packte sie der Billabongkönig in sein Maul.

»Gib sie uns! Gib sie uns!«

»Wenn ihr das Gatter öffnet, geht der Deal klar.«

»Jaja, machen wir. Los, gib sie uns, gib sie uns!«

Billabongkönig: Ich erinnerte mich an eine Sache. Vergorene Früchte. Die Affen waren völlig verrückt danach. Es gab sie nur einmal im Jahr. Doch gerade war keine Erntezeit. Friedolin hatte offenbar einen kleinen Vorrat angelegt.

»Okay, passt auf. Macht den Deckel ab!«

»Erst die Früchte!« Die Affen jackten aus sieben Mündern.

Billabongkönig: Falls ihr nicht wisst, was jacken ist. Das ist eine Mischung aus aufgeregtem Gackern und wildem Kreischen. Wenn Affen unbedingt etwas haben wollen, jacken sie.

Es wird begleitet von kleinen Kicherlauten. Mit der Turnerei auf dem Gatter war ganz schön was los.

Der Billabongkönig sorgte für Ruhe. »Wir machen das ganz entspannt. Ihr reißt den Deckel ab und die erste Frucht gehört euch.«

Die Affen zerrten
und zogen. Sie bissen
und krallten. Sie hantierten,
schraubten, drehten herum, bogen, knackten
und jackten. Irgendwann war das Himmelsquadrat
wieder zu sehen.

Billabongkönig: In diesem Moment war ich
neidisch auf ihre Hände. Wer Hände hat, ist
klar im Vorteil. Wenn dann noch der Gehirninhalt
stimmt, kannst du viel erreichen.

Wie wir Menschen!

Billabongkönig: Dazu sage ich lieber nichts.

Warum?

Billabongkönig: Weil die Welt besser wäre, wenn
Billabongkönige sie beherrschen würden.

Wie kommst du darauf? Ihr seid genauso gierig. Ihr seid genauso wild darauf, euren Willen durchzusetzen.

Billabongkönig: Wir sind sehr alte Wesen. Wir haben Meteo-
riten überlebt. Dinosaurier. Vulkanausbrüche. Tektonische
Plattenverschiebungen. Tsunamis. Wir sind immer noch da.

Wie – Haifische. Wie – Farne. Wir sind Dauerbrenner der Evolution! Ihr macht einfach nur euren Planeten kaputt.

Mmh, das stimmt wohl … Kennst du den einen Witz?

Billabongkönig: Welchen?

Treffen sich zwei Planeten. Sagt der eine zum anderen: »Ich bin krank. Ich hab Menschen.« Antwortet der andere: »Einfach abwarten. Das vergeht wieder.«

Billabongkönig: Na, wenigstens könnt ihr über euch selber lachen! Und jetzt mach weiter! Ich hab nicht ewig Zeit.

Die Affen schleuderten die Abdeckung in den Sumpf. Einige machten sich einen Spaß und surften darauf. Die meisten umringten Ben.
»Wenn ihr jetzt noch das Gatter abbaut, kriegt ihr alle!«
»Was ist hier los?« Eine schneidende Stimme durchfuhr den Dschungel. Kaukasius!
»Wir, äh«, jackten die Affen durcheinander. »Wir wollten die Stabilität des Käfigs prüfen.«
»Weil …«, jackte ein zweiter, »da stimmt was nicht!«
»Schau doch, wir haben den Deckel abgekriegt!«, verkündete der dritte.
»Das war eine Übung!«, kreischte der vierte Affe.
»Reine Vorsichtsmaßnahme!«, fiel ihm der fünfte ins Wort.

»Das muss alles stabiler werden!«, schlussfolgerte der sechste der Affenbande.

»So kann er ausbrechen!«, rief der siebte. »Wir haben nur unsere Pflicht getan.«

Kaukasius thronte auf Patricks Kopf. Er hockte zwischen den Augen des Krokodils und sah sich sehr langsam um. »Mmh, so, so. Was habt ihr da?«

»Wir, äh, nichts.«

Die Affen schoben sich die Frucht hin und her und versteckten sie hinter ihren Rücken.

»Abliefern!«

Da sie nicht reagierten, wandte er sich an sein Reittier. »Patrick, zeig sie ihnen!«

Patrick sperrte den Rachen auf. Der Mondschein verfing sich in seinen Zähnen. Sie glänzten gespenstisch weiß.

»So, und jetzt her mit dem, was ihr da versteckt!«

Die Affen warfen die Frucht ans Ufer. Einige sprangen auf die Abdeckung und schipperten zu Kaukasius. Andere hangelten sich über die Mangroven zurück an Land.

»Patrick, lass dir den Whiskey schmecken! Und ihr«, wandte sich Kaukasius an die Kletteraffen. »Geht mir aus den Augen! Das wird Folgen haben für euch. Niemand widersetzt sich ungeschoren meinen Befehlen.«

Patrick verspeiste die Frucht, verdrehte die Augen und klappte wieder die Kiefer auf.

»Dank der mir angeborenen Großzügigkeit und Nachsicht«, fuhr Kaukasius fort, »wird Patrick euch heute verschonen.

Euch wird nichts geschehen! Noch nicht! Begreift ihr das? Ihr sucht jetzt Hölzer, damit wir die Lücken im Gatter schließen! Der Gefangene hat immer noch zu viel Freiheit.«

Billabongkönig: In den nächsten Stunden schleppten die Affen viel Kleinholz an. Patrick, Ilona und Friedolin nahmen es zwischen die Zähne, schoben sich durch den Sumpf und verstopften die Löcher. Dann stülpten sie wieder den Deckel drüber. Sie sprachen kein Wort mit mir. Sie waren stinksauer wegen der Nachtschicht. Immerhin, ich verschmatzte die Früchte und fiel augenblicklich in einen tiefen und dunklen Schlaf.

Der Billabongkönig erwachte früh. Das Sternenlicht, das durch den Deckel schimmerte, schmerzte in seinen Augen. Er hatte einen ordentlichen Brummschädel und die Welt um ihn lag noch in Finsternis.
Er sprang gegen die Abdeckung an. Leider erfolglos. Ben erinnerte sich, dass er in der nächsten Stunde mit einer Idee an die Krokodilwächter herantreten musste.
»Jetzt«, dachte er und seufzte, »ist guter Rat teuer!«
Etwas flatterte auf den Deckel. Es schien aus dem Nichts gekommen. »Ja, bitte! Sie haben mich gerufen?«
»Ben, bist du es?«
»Wer ist Ben? Ich bin Der Gute Rat.«

Der Gute Rat

Der Billabongkönig lauschte. Tatsache, da bewegte sich
etwas auf seinem Gatter.

»Wer sind Sie?«

»Der Gute Rat. Ich wurde gerufen. Stets zu Diensten.«

»Ähm, okay, können Sie mir … helfen?«

Der Gute Rat lächelte. »Dazu bin ich schließlich da.«

> Billabongkönig: Ich wusste nicht, ob ich träumte oder wach
> war. Ich hatte die Früchte im Verdacht. Womöglich waren sie
> zu sehr vergoren.

Ach, du meinst wie selbstgebrannter Schnaps, der einen blind
machen kann?

> Billabongkönig: Ja, genau. Diese Gedanken hatte ich. Ich
> schlug meinen Kopf gegen das Gatter. Um wach zu werden.

Ganz schön brutal!

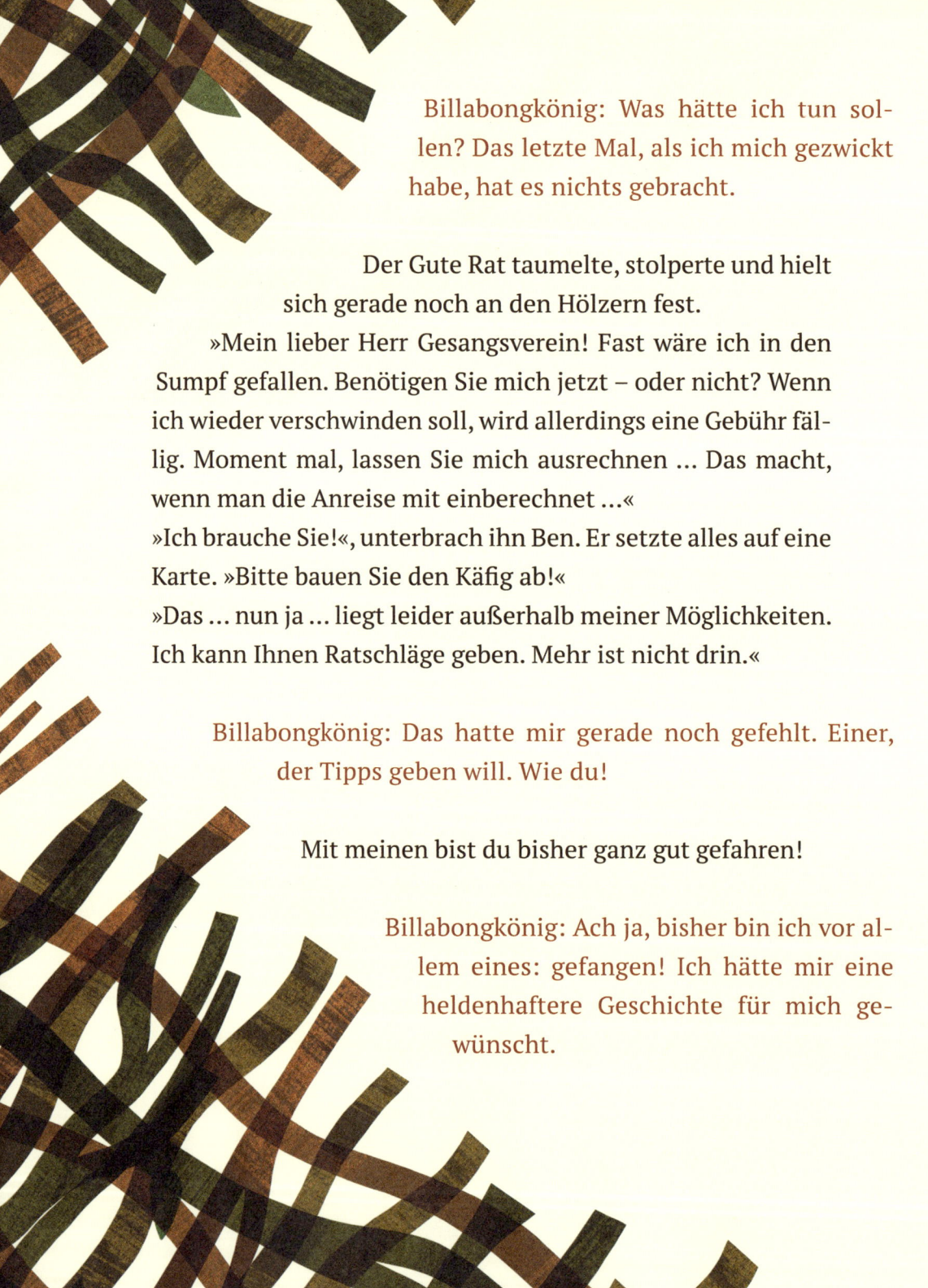

Billabongkönig: Was hätte ich tun sollen? Das letzte Mal, als ich mich gezwickt habe, hat es nichts gebracht.

Der Gute Rat taumelte, stolperte und hielt sich gerade noch an den Hölzern fest.

»Mein lieber Herr Gesangsverein! Fast wäre ich in den Sumpf gefallen. Benötigen Sie mich jetzt – oder nicht? Wenn ich wieder verschwinden soll, wird allerdings eine Gebühr fällig. Moment mal, lassen Sie mich ausrechnen … Das macht, wenn man die Anreise mit einberechnet …«

»Ich brauche Sie!«, unterbrach ihn Ben. Er setzte alles auf eine Karte. »Bitte bauen Sie den Käfig ab!«

»Das … nun ja … liegt leider außerhalb meiner Möglichkeiten. Ich kann Ihnen Ratschläge geben. Mehr ist nicht drin.«

Billabongkönig: Das hatte mir gerade noch gefehlt. Einer, der Tipps geben will. Wie du!

Mit meinen bist du bisher ganz gut gefahren!

Billabongkönig: Ach ja, bisher bin ich vor allem eines: gefangen! Ich hätte mir eine heldenhaftere Geschichte für mich gewünscht.

Immer mit der Ruhe! Das kommt noch.

Billabongkönig: Na gut, warten wir ab.

Ben verdrehte die Augen. »Was bitte soll das helfen?«
»Ich sehe schon«, antwortete Der Gute Rat. »Ein Anfän-
ger. Beginnen wir mit den Basics. Sind Sie in einer misslichen
Lage?«
»Das sehen Sie doch!«, schnaubte der Billabongkönig. »Oder
wären Sie gern hier drin?«
»Es geht nicht um mich. Es geht – um Sie! Bitte erklären Sie
mir, was Sie anstreben! Die besten Gedanken entstehen, wenn
man redet.«

Billabongkönig: Ich wusste immer noch nicht, ob ich phan-
tasierte. Doch ich ließ mich auf alles ein. Selbst wenn ich einen Sprung in der Schüssel hatte, im Delirium war oder von
dem Früchteschlaf noch nicht wach – dieser Typ war meine
letzte Chance.

»Ich will endlich aus dem Gehege«, sagte Ben so ruhig wie
möglich. »Ich will wieder die alte Ordnung herstellen.«
»Über mein Honorar reden wir später.«
»Honorar?«
»Glauben Sie, ich mache das alles für Gottes-
lohn? Ich habe 4.756 Mäuler zu stopfen.«
»Wer bitte hat 4.756 Kinder?«

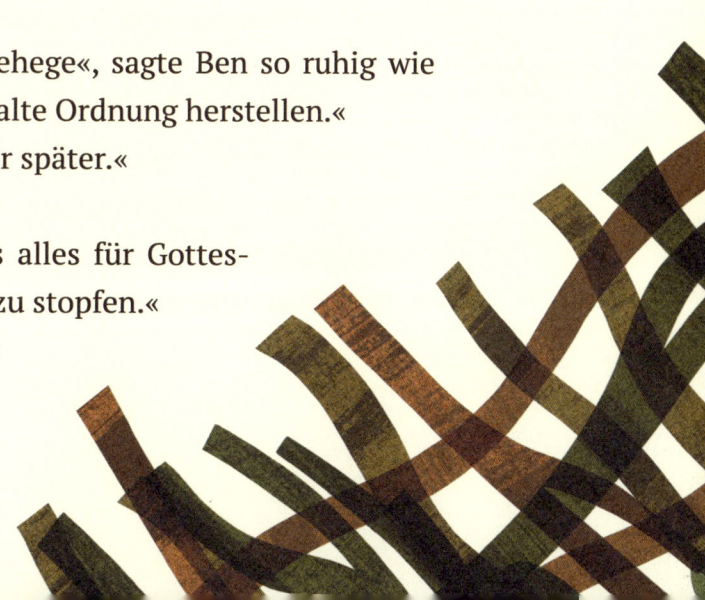

Der Gute Rat lugte durch das Geäst der Abdeckung. »Solange es Wesen gibt, die sich unterhalten, werden wir nie aussterben.«

»Mmh«, grunzte Ben. »Gerade kann ich Ihnen bestenfalls geistige Nahrung anbieten.«

»Na gut, dann nehme ich diese Anzahlung. Also, Sie wollen hier raus?«

»Gut erkannt.«

»Sie wissen aber nicht, wie das geht?«

»Ebenfalls richtig.«

»Sie haben bereits alles versucht. Ihre Verbündeten sind nicht mehr Ihre Verbündeten?«

»Woher wissen Sie …?«

»Erfahrungswerte.« Der Gute Rat winkte ab. »So geht es den meisten. – Sie haben es sicher mit einer List versucht?«

»Auch das hat nicht hingehauen. Auf Affen kann man sich nicht verlassen.«

Der Gute Rat hob einen Flügel. »Ihre Erlebnisse muss ich nicht wissen! Es geht darum, einen Einfall zu haben … eine Idee.«

Noch immer sah man Sterne am Himmel. Die ersten Sonnenstrahlen ließen sich heute Zeit.

»Ich fasse zusammen«, sagte Der Gute Rat. »Sie befinden sich in einer außerordentlich unkomfortablen Situation. Einstige Freunde haben sich abgewandt.

Eine Tücke hat nicht geklappt. Ist da noch wer, der Ihnen beistehen kann?«

»Na, vielleicht ein paar Vögel …«

»Wie viele sind das denn?«

»Ungefähr tausend«, antwortete Ben.

»Tausend Stück? Na, das ist doch was!«

»Sie sind klein. Sehr klein. Es sind Krokodilwächter. Sie kommen nicht gegen die anderen Tiere an. Sie könnten mich nicht einmal aus dem Käfig ziehen. Aber sagen Sie, wäre es möglich, dass Ihre 4.756 Kinder …«

»Moment! Ich muss nachzählen. 4.761. Halt! 4.763. Wir vermehren uns schnell.«

»Können Sie es – also ich frage ja nur – so einrichten, dass Ihre Familie … herkommt?«

»Wohin soll meine Familie kommen?«

»Hierher, zu uns, in die Mangroven!«

»Welchen Sinn hätte das?«

»Dann könnte Ihre Armee von Guten Ratschlägen – und Sie als Ihr Vater und Befehlshaber …«

Der Gute Rat unterbrach ihn. »Das wird das totale Chaos. Unsere Familienfeiern sind schon die Hölle. Nein, nein, das geht nicht! Lassen Sie mich … ganz kurz … nachdenken.«

Der Gute Rat vergrub den Kopf unter seinen Flügeln. Er sagte nichts, während die ersten Sonnenstrahlen langsam aus dem Horizont heraus über die See zu ihnen krochen.

»Ich hab's!«, rief er plötzlich. »Ich hab's!«

Der Billabongkönig hörte, wie die Stimme des Guten Rats nach oben ging. Er meinte sogar, seinen Herzschlag hören zu können.

»Gibt es jemand, der Ihnen noch etwas schuldet?«

»Direkt schulden nicht …«, antwortete Ben nach einer kurzen Pause. »Aber da fällt mir doch jemand ein …«

»Ja, bitte!« Die Augen des Guten Rats funkelten. »Ich bin ganz Ohr.«

Billabongkönig: Stopp! Nicht weiterschreiben!

Wieso?

Billabongkönig: Weil du sonst das Ende verrätst.

Bist du der Erfinder oder ich?

Billabongkönig: Das ist völlig egal. Glaub mir einfach!

Na gut.

»Na gut«, antwortete auch Der Gute Rat. »Das könnte klappen.« Der Billabongkönig hob einen Vorderfuß. »Chakka, der Vertrag gilt!«

»Aah, gut, dass Sie von Vertrag reden. Eine Kleinigkeit müssen wir noch verhandeln. Mein Honorar.«

»Sie bekommen von mir, was Sie wollen«, antwortete Ben.

»Wenn Sie nur jetzt auf der Stelle sofort bitte unverzüglich …«

»Nicht so schnell! Mir ist zu Ohren gekommen, dass Sie Ihre Versprechen nicht halten.«

»Hätte ich einen Mord begehen sollen?«

Der Gute Rat stampfte mit einem Fuß auf das Gatter. »Keine Ausreden, bitte! Ihre Privatangelegenheiten sind Ihre Sache. Doch möglicherweise«, Der Gute Rat dehnte den Satz, »haben Sie auch Skrupel, wenn es darum geht, meine Wünsche zu erfüllen ...«

Der Billabongkönig machte sich so groß und so breit, wie es sein Käfig zuließ. »Mord ist keine Privatangelegenheit«, sagte er. »Das geht uns alle an.«

Der Gute Rat tapste von einem Bein auf das andere.

Billabongkönig: Es sah fast so aus, als müsste er pullern.

Dann erwiderte er. »Ich stelle mich weder auf die eine noch auf die andere Seite. Sagen wir, dass ich alles Gold dieser Gegend kriege?«

Billabongkönig: Ich kannte die Mangrovenwelt gut, und ich wusste, hier war nichts zu holen. Trotzdem wollte ich es ihm nicht zu leicht machen. Ich mag keine Geschäftsleute, die über Leichen gehen.

Der Gute Rat: Das habe ich gehört.

Billabongkönig: Wie kann das sein?

Tschuldigung. Mein Fehler. Ich streich den Satz.

Billabongkönig: Unter uns, Leute, falls ihr mal feilschen müsst. Auf dem Flohmarkt oder so. Nehmt nie das erste Angebot an! Es ist meist überteuert.

Jetzt bist du der, der den Kindern Ratschläge gibt!

Billabongkönig: Na und. Meine sind wenigstens lebensnah.

Das glaubst aber auch bloß du!
»50 Prozent«, feilschte der Billabongkönig.
»75«, antwortete Der Gute Rat. »Darunter mache ich es nicht. Sehen Sie, die Stollen, die wir unter der Erde bauen – das ist gefährlich. Da kommt man ganz schön ins Schwitzen. Die muss man mit Brettern stützen. Das ist eine Heidenarbeit. Die Ausgaben. Die Verpflegung.«
»Das ist Wucher«, knurrte Ben.
»Ich bin selbstständig«, antwortete Der Gute Rat. »Den Bäcker fragen Sie auch nicht, ob Sie ein Brot umsonst bekommen.«

»Ich kaufe kein Brot.«

»Sie wissen ganz genau, was ich meine.«

»55 Prozent«, knurrte der Billabongkönig. »Ich habe Ihnen schließlich gesagt, was Sie für mich tun sollen.«

»Jaa«, erwiderte Der Gute Rat und legte eine längere Kunstpause ein. »Aber Sie kamen *nur* darauf, weil *wir zwei* gesprochen haben.«

Billabongkönig: Damit hatte er mich. Denn das war verdammt noch mal wirklich wahr! Er hatte mir wieder Mut gegeben. Dadurch konnte ich wieder denken. Ich stimmte zu.

»Mit wem sprichst du?« Eine unangenehme Stimme erreichte Bens Trommelfell.

»Wer ist das?«, wisperte Der Gute Rat.

»Das ist Kaukasius«, flüsterte Ben. »Schnell, mach dich vom Acker! Sonst hetzt er seine Affen auf dich.«

»Keine Panik, ich bin unsichtbar.«

»Wie? Aber ich sehe dich doch.«

»Das können nur meine Auftraggeber. Für alle anderen bin ich – Luft.«

»Starke Nummer.« Ben zwinkerte dem Guten Rat zu. Der Gute Rat zwinkerte zurück.

»Seht euch den an!«, krakeelte Kaukasius. »Völlig durchgeknallt! Er spricht mit sich selbst. Ein komplett irrer Billabongkönig. Oder soll ich lieber Billabonghofnarr sagen? Denn König, das bist du längst nicht mehr …«

Kaukasius schüttelte seinen Kopf. »Das wird kein gutes Ende nehmen.«

»Für dich!«, pfiff Der Gute Rat. »Leider …«, wiederholte er mit sehr fester Stimme. »Für dich wird es kein gutes Ende nehmen!«

Noch lange hörte Ben das Lachen von Kaukasius, der mit seinen drei Leibwächtern am Ufer vorbeispazierte, hoch erhaben auf dem Rücken eines Krokodils.

Verrat

»Deine Idee ist gut«, flüsterte eine vertraute Stimme. Ben, der Krokodilwächter, war der Erste, der auf dem Käfig landete. Er pickte am Gatter herum. »Sie hat uns allesamt überzeugt!« Kurz darauf existierte ein kleines Guckloch.

»Wir können dich zwar nicht herausziehen und wir wollen auch keinen Krieg gegen die anderen Tiere anzetteln. Aber wir sind ziemlich geschickt mit unseren Zahnarztschnäbeln ...«

Ein zweiter Krokodilwächter erschien. Er löste den kleinen Ben ab. So ging es mit Nummer 3, 4, 5 ... 734. Lautlos schwirrten die Vögel herab. Sie holten die kleinen Äste heraus, mit denen Ilona, Friedolin und Patrick das Gehege in der Nacht verstärkt hatten. Danach lockerten sie die Querverbindungen zwischen den Pfählen.

Die herandüsenden Krokodilwächter machten ihrem Namen alle Ehre. Ab dem 500. Vogel waren die Hölzer lose. Ab dem 800. Krokodilwächter wackelte der Käfig mit den Wasserbewegungen des Sumpfes mit.

Billabongkönig: Diesmal hatte ich Glück im Unglück. Die komplette Mangrovenwelt wuselte durcheinander und niemand interessierte sich für mich und meine kleinen Freunde.

Die Seekühe wälzten sich aus dem Wasser. Die Affen hangelten von den Mangroven herab und stellten sich nebeneinander auf. Die Tiger reihten sich ein, und selbst die handtellergroßen Spinnen und die kleinen, neongrellbunten Frösche mit ihren Gesetzesbüchern fanden einen Platz am Rande des Sumpfes.

> Billabongkönig: Da war ziemliche Action angesagt. Ich wusste nicht so ganz, was ich davon halten sollte.

Die Sonne streckte sich und tauchte als gelber Ball über dem Wasser auf. Die Vögel schossen unbemerkt durch den erwachenden Morgen. Nummer 996, 997, 998. Krokodilwächter 999 landete. Es war Bens Mama.

»Ich hätte nie gedacht, dass dir noch was Brauchbares einfällt!« Sie löste die letzten Verknotungen des Gehäuses. »Du weißt, dass du nur *eine* Chance hast!«

»Das ist mir klar. Wenn ich jetzt ausbreche, kerkern sie mich gleich wieder ein.«

Die Krokodilwächterin nickte langsam.

»Lass mich nur machen!« Ben, der Billabongkönig, klickte mit seinem Rachen. »Mein Plan steht fest.«

Sie sahen Kaukasius, der seinen Bodyguards irgendetwas erklärte. Es ging darum, wie sie sich aufstellen sollten, am Ufer.

»Hast du eine Ahnung, was diese Versammlung soll?« Die Krokodilwächterin zuckte die Flügel.

»Eher ... eine Vermutung«, antwortete der Billabongkönig leise. »Ich denke, wir müssen geduldig sein ... Noch was: Wenn ich richtig gezählt habe, fehlt einer. Kommt jetzt gleich die 1000 angeflattert?«

»Das tut mir leid«, erwiderte Bens Mama.
»Mein Mann ist unpässlich. Er hat sich eine
Erkältung eingefangen. Aber ich soll dir ausrichten, dass
wir sehr glücklich über deinen Einsatz sind.«
»Welchen Einsatz?«
»Na, deine Übung mit Ben! Unser Kind ist jetzt viel ge-
schickter mit seinem Werkzeug.«
»Das hat mein Zahnfleisch gemerkt …«
Die Krokodilwächterin schob ihren Kopf durch einen Holz-
spalt. »Es hat den entscheidenden Anstoß gebracht«, flüsterte
sie, »dass wir dir vertrauen. Wer anderen hilft, dem wird auch
geholfen. So, ich muss weiter!«
»Warte, kannst du vielleicht herausfinden …?«
Zu spät, Vögel sind sprunghaft. Was sie in einer Sekunde be-
schließen, kann in der nächsten schon wieder anders sein.

Billabongkönig: So war es dann auch. Die 999er-Bande verzog sich auf die Äste der Mangroven und betrachtete alles
mit gebührendem Abstand von oben.

Es vergingen dreißig Minuten, vierzig. Die Tiere standen an-
gespannt am Ufer des Wasserarms. Manche wisperten, und
einige der Affen jackten, doch hielten sofort still, wenn einer
der drei Bodyguard-Billabongkönige sie aus den Augenwin-
keln anlinste.
Kaukasius wirkte noch immer würdig. Trotz des Gipses, der
seinen Fuß umspannte. Er hockte erneut auf Patrick, zwi-

schen den Augen des Billabongkönigs, und gab leise Befehle. Manchmal fuhr ein Wind durch die Mangroven, und die Blätter flüsterten in einer geheimen Sprache. Vereinzelte Satzfetzen wehten zu Ben hinüber.

»Wir müssen wachsam sein«, zischte Kaukasius. »Heute geht es um alles. Um Leben oder Tod.« –

So fühlt es sich vermutlich an, wenn deine Heimat beschossen wird. Wenn du plötzlich in einen Krieg verwickelt wirst, mit dem du nicht das Geringste zu tun hast. Du lebst dort, und irgendwer hat beschlossen, dass jetzt ein Angriff startet. Von ferne hörst du bereits, wie die Panzer anrollen. Du bekommst die ersten Einschläge mit. Die Waffen sprechen, doch sie sprechen in einer Sprache, die keine Antwort zulässt.

> Billabongkönig: Das hast du ganz gut beschrieben. So ungefähr war es, hier zu warten. Ich wusste nur nicht, worauf. Das machte mich total wahnsinnig.

Fünfzig Minuten vergingen, fünfundfünfzig. In der Ferne, weit draußen im Meer, wohin man durch die Mündung des Sumpfes spähen konnte, tauchte etwas Riesiges aus dem Wasser. Es platschte mit einem Krachen in die See zurück.

Ein Zucken ging durch die Tiere. Manche verlagerten das Gewicht von einem Bein auf das andere, als wollten sie ihre Anspannung dadurch lösen.

»Das war bloß ein Wal!«, fauchte Kaukasius in die Menge. »Bleibt konzentriert! Bleibt …«

Drei Billabongkönige tauchten aus dem Wasser und sprangen ans Ufer. Einer hatte eine Narbe am Bauch. Eine ein nach
hinten versetztes Auge. Und einen dritten, den größten von
ihnen, kannte Ben nicht. – Konnte er der gewesen sein, den er
am vorletzten Tag seiner Reise gesehen hatte?

»Auf Gefechtsstation!«, kreischte Kaukasius. »Alle Mann zu
den Waffen!«

Einer der Affen schnappte Kaukasius und sprang mit ihm auf
die nächst gelegene Mangrove. Die Seekühe nahmen einen
erbitterten Gesichtsausdruck an und warfen sich in die Fluten. Die Affen rannten zu ihren Netzen. Die Tiger brüllten.
Die handtellergroßen Spinnen klackten mit ihren Beißwerk-
zeugen und die kleinen, neongrellbunten Frösche hüpften ins
Hinterland und blätterten nervös in den Gesetzbüchern.

Nur Ilona, Friedolin und Patrick warteten noch immer wie gebannt neben den Mangroven. Sie schienen überrumpelt ob
des plötzlichen Angriffs …

»Hol dir Friedolin!«, schrie das Krokodil mit der Narbe. Die
Billabongkönigin mit dem nach hinten versetzten Auge packte zu und zerrte Friedolin in den Sumpf. »Ich
greif mir Ilona!«, röhrte der größte der drei
Gefährten.

Billabongkönig: Patrick, dachte
ich. Was ist los mit dir? Wieso
stehst du nur am Ufer herum und
tust gar nichts?

Die drei Angreifer fletschten die Zähne und bissen zu. Sie umringten Ilona und Friedolin und griffen immer wieder gezielt an. Das Wasser spritzte und zischte. Der Schlamm aus dem Untergrund färbte das Wasserloch braun und schwarz. Bald warfen sie die zwei Billabongkönige ans Ufer. Sie sahen erledigt aus. Ihr Atem ging flach.

> Billabongkönig: Ich beobachtete die Affen und dachte mir, dass die Attacken sehr bald ein Ende haben. Die Netze waren gut geflochten und stark. Ich erinnerte mich an ihre Zugkraft und daran, wie sie in meine Mundwinkel schnitten.

»Zugleich!«, jackten die Affen und rissen die Netze hoch. Sie spannten sie auf den gegenüberliegenden Seiten des Ufers am Ausgang zum Meer, zerrten, zogen – und flogen rückwärts ...
Die Horde zur Linken und der Trupp auf der rechten Seite landeten auf dem Hintern. Das Netz war entzwei.

> Billabongkönig: Da sah ich, wie Patrick lachte! Es war kein gutes, es war ein gehässiges Lachen, und er tappte von einem Fuß auf den anderen.

»Das hätten wir!«, rief er und trommelte auf den Boden. »Heinrich, Francis und Esmeralda! Ihr könnt aufhören. Das Revier gehört uns!«
Kaukasius blickte bleich vom obersten Wipfel aus dem Arm des Affen zu ihm herunter.

»Patrick«, stotterte er. »Patrick, du kannst doch nicht ... Was ich alles für dich ... getan habe! Das Gnu, an dem du dir zwei Zähne ausgebissen hast. Ich bin euer Zahnarzt! Ich bin der neue ... König!!«

»Wirklich?«, flötete eine vertraute Stimme. »Bist du dir da auch ganz sicher?«

Roger segelte über dem Wasserloch. Er hatte seine Freundlichkeit wie einen zu lange getragenen Mantel abgelegt und wandte sich an die Tiere, die in Schockstarre am Saum des Ufers standen oder in den Bäumen hingen.

»Ab sofort werde ich dieses Gebiet übernehmen und du, ja, du, Kaukasius Grätenzieher II. Ihro Nichtsnutz von Stolzhausen-Stammberg, bist – Geschichte.«

Billabongkönig: Das war der Augenblick, wo ich ausbrach! Ein Schlag mit der Schwanzspitze genügte. Der Käfig war hin.

Der Billabongkönig bretterte los wie ein Berserker.

Billabongkönig: Wenn du so lange gefangen bist, hast du die Kraft von zwanzig Stieren. Ach, was sag ich, von achtzig Dinos, die ein klares Ziel im Visier haben!

Er warf sich auf Heinrich, Francis und Esmeralda. Er zog sie unter Wasser, versetzte ihnen gezielte Schläge mit dem Schwanz, und immer wieder klatschten die Billabongkönige mit der Brust über dem Wasser zusammen.

Billabongkönig: Entschuldigt, aber eine kleine Sache zur Erklärung! Normalerweise machen wir Wasserspiele, bevor wir zum Angriff übergehen. Meistens nützt das Gespritze schon, um den anderen Angst zu machen. Diesmal konnte ich keine Zeit vergeuden. Ich wollte den Überraschungsmoment nutzen! Und ich war außergewöhnlich gut in Form. Ich erinnerte mich an die Zeit, als ich mit Patrick, Ilona und Friedolin diese Revierkämpfe hatte. Ich hätte ihnen mehr Mitspracherecht in den Flüssen geben sollen. Daran dachte ich, während ich loswütete. Ich schwor mir, es diesmal besser zu machen. Doch jetzt ging es nur darum, zu gewinnen.

Ben kämpfte wie ein Besessener. Er fuhr riskante Manöver, tauchte unter den drei Angreifern hindurch, schlug, biss, rammte und schnellte immer wieder nach oben und in die Luft, um auszuweichen und sich nur noch stärker auf sie zu werfen. Doch gegen drei Billabongkönige haben selbst die stärksten und klügsten …

... kaum eine Chance. Als Patrick ins Wasser glitt, war der Kampf entschieden. Sie umringten Ben und warteten auf einen Befehl von Roger.

Der nickte seinen vier Billabongkönigen – Heinrich, Francis, Esmeralda und Patrick, dem Verräter, der die Seiten gewechselt hatte – wohlwollend zu. Dann wandte er sich an die Versammlung am Ufer, die stockstarr dastand und nichts zu tun wusste. Die Gesetzestexte in den Händen der Frösche blätterten im trägen und warmen Wind allein vor sich hin. Die handtellergroßen Spinnen schlossen die Beißwerkzeuge. Selbst die Tiger verbargen kleinlaut die Reißzähne. Nur die Affen rappelten sich wieder hoch und hüpften nervös auf und ab. Doch sie taten das, ohne zu jacken.

Roger segelte an der Uferlinie entlang. Das alles war jetzt sein Sumpf, sein Wasserarm mit all den Nebenflüssen und den Mangroven. Kein Laut war zu hören außer dem zeitweiligen Flügelgeflappe, wenn sich ein unerwarteter Luftstrom und die Federn von Roger kreuzten.

»Affen«, sprach er, »was wartet ihr? Flickt die Netze! Wir brauchen ein kleines für diesen Möchtegern-Zahnarzt und ein großes für dieses Möchtegern-Krokodil.«

Kaukasius schrie vom Baum herunter. »Ich hätte jemand anderes damit beauftragen sollen, dich zu erledigen! Wenn es ein Versagen in dieser Sache gibt, dann – dann hat es mit *dem* zu tun!«

Kaukasius Grätenzieher II. Ihro Exzellenz von Stolzhausen-Stammberg stemmte sich auf die Beine. Sein Gesicht war vor Wut verzerrt. Er zeigte auf Ben und wandte sich an die Tiere. »Das alles haben wir *dem da* zu verdanken!« Er deutete wieder auf den Billabongkönig. »Nur *ihm*! Ohne *ihn* würde es uns allen gut gehen!«

»Kein Problem«, unterbrach ihn Patrick. »Das ist der letzte deiner Befehle, Kaukasius, die ich von dir, mit Erlaubnis von Roger ...«, er blickte hoch zu seinem neuen Chef, der den Sumpf überflügelte und nur sachte nickte, »... entgegennehme. Danach ist Schicht im Schacht!«

Damit drückte er Ben unter Wasser. Heinrich, Francis und Esmeralda halfen.

Billabongkönig: Wenn ich jetzt sterbe, dachte ich, dann ist es auch okay. Dieser Sumpf ist verloren, und ich werde Kroko, dem Krokodilsgott, mit gutem Gewissen entgegentreten.

Glaubst du an den wirklich?

Billabongkönig: An wen?

An Kroko, den Krokodilsgott.

Billabongkönig: Na ja, kann doch sein, dass es ihn gibt, oder? Außerdem kommt es darauf nicht an. Mir war nur wichtig, dass ich zu mir gestanden habe.

Da fällt mir ein: Du kannst deinen Puls doch auf zwei Herzschläge in drei Minuten herunterdimmen. Dann hältst du es eine Stunde lang unter Wasser aus.

Billabongkönig: Das ist zwar korrekt! Doch die vier Krokodile wussten das leider auch und tauchten mich bereits 59 Minuten unter.

Plötzlich sah Ben die Seekühe, die auf dem Grund des Wasserloches herumwühlten und Wasserhyazinthen, Seegras und Algen verspeisten. Sie wirkten seltsam unberührt. Als verstünden sie nicht, was da vor sich ging.
Der Billabongkönig machte einige Zeichen zu den Seekühen. Er deutete auf die Krokodile, die ihm die Luft zum Atmen raubten.
»Was … meint … ihr … Jungs?«, schwappten die Worte einer Seekuh durchs Wasser. Langsam, behäbig, wie es ihre Art war. »Sollen … wir … eingreifen?«
Aus dem Maul des Billabongkönigs stiegen bereits erste Luftblasen. Lange konnte er es nicht mehr unter Wasser aushalten. Wieder deutete Ben auf die schweren Tiere und die Billabongkönige über ihm.

»Na … von … mir … aus! … Aber … danach … wollen … wir … wieder … in … Ruhe … gelassen … werden. … Uns … ist … hier … zu … viel … los. … Es … ist … stressig … geworden … seit … du … nichts … mehr … zu … sagen … hast.«

Ben nickte eifrig. Die drei Seekühe setzten sich in Bewegung. Langsam, behäbig, wie es ihre Art war.

»Machst … du … das?«, fragte die kleine die mittlere. Die mittlere wiegte den Kopf hin und her. Aus dem Maul des Billabongkönigs stiegen weitere Luftblasen.

»Ach … mach … du … das … doch!«, sagte die mittlere zur großen.

»Meinst … du … wirklich?«, fragte die große Seekuh. »Was … wenn … ich … mir … dabei … weh … tu? … Mein … Rücken …«

Aus dem Maul des Billabongkönigs stiegen die letzten Blasen. Er gestikulierte wild, riss das Maul auf und zu.

»Na … gut«, sagte sie. »Es … ist … ja … grauenhaft … wie … Ben … das … Wasser … hier … durcheinanderbringt.« Sie fixierte den Billabongkönig. »Hörst … du … damit … auf … wenn … ich … dir … zu … Hilfe … eile?«

Ben nickte und nickte. Der Sauerstoff in seinem Körper war jetzt erschöpft.

Billabongkönig: Zu Hilfe *eilen*. Dass ich nicht lache! See-kühe eilen nicht. Sie fahren gemächlich durchs Wasser. Als würden sie sich nach einem ausgiebigen Algenbraten bei der Oma am Sonntag über einen strömungsarmen See treiben lassen.

Soll ich vielleicht *zu Hilfe schleichen* schreiben?

Billabongkönig: Warum eigentlich nicht!

Die große Seekuh schlich Ben zu Hilfe. Sie wog 1.500 Kilo-gramm, erreichte ihn im letzten Moment …

Billabongkönig: Ich hatte schon Wahnvorstellungen! Ich sah schon das Licht des Jenseits!

… und hob die Krokodile mühelos aus dem Wasser. Ben japste nach Luft.

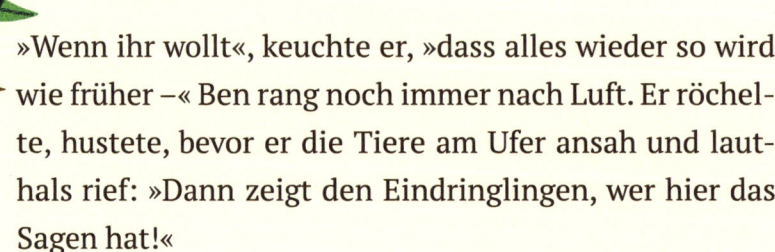

»Wenn ihr wollt«, keuchte er, »dass alles wieder so wird wie früher –« Ben rang noch immer nach Luft. Er röchelte, hustete, bevor er die Tiere am Ufer ansah und lauthals rief: »Dann zeigt den Eindringlingen, wer hier das Sagen hat!«

Kurz darauf sank die Seekuh wieder zum Grund des Flussbettes.

Happs

Billabongkönig: Ich wusste, ich musste erst mit Patrick fertig werden. Er war der größte und der gefährlichste. Er war der verschlagenste. Derjenige, dem man nicht vertrauen kann.

Ben stürzte sich, nachdem er genügend Luft geschöpft hatte, auf Patrick.

Billabongkönig: Heinrich, Francis und Esmeralda standen glücklicherweise noch etwas neben sich. Mit Sarah hatten sie nicht gerechnet.

Wer ist Sarah?

Billabongkönig: Na, die Seekuh!

Ben kratzte und biss, schlug zu und kämpfte, als ginge es um sein Leben.

Billabongkönig: Na, hör mal! Es ging um mein Leben! Das war kein Spaß. Das war der Kampf der Kämpfe.

Patrick wich aus, warf sich auf ihn, tauchte unter, versuchte es wieder und wieder.
Er spornte seine Kameraden an. »Heinrich, Francis, Esmeral-

da! Wir können es immer noch schaffen! Los jetzt, die Seekühe mischen sich nicht ein zweites Mal ein. Wir werden ja wohl mit *einem* Billabongkönig fertig!«

Heinrich, Francis und Esmeralda sahen sich an, als wären sie sich nicht ganz sicher. Dieser Wasserarm, so stand es in ihren Augen, war ihnen nicht mehr geheuer, seit da aus der Tiefe etwas gekommen war …

»Vielleicht sollten wir heimschwimmen?«, meinte Esmeralda. Sie blickte Heinrich und Francis an. »Auf Saipan, Tinian und Rota war es doch auch ganz gut.«

Heinrich und Francis nickten, als sich Roger zurück zu Wort meldete. Er war leicht benommen, weil Ben noch lebte.

»Hört mal!«, blaffte er sie an. »Es geht darum, dass wir unser Gebiet vergrößern. Unsere Macht!« Ein Ruck ging durch sein spärliches Brustgefieder. »Oder wollt ihr ewig die kleinen Billabongkönige bleiben, die keiner kennt? Wir haben hier die Chance, etwas *nie Dagewesenes* zu erreichen! Wir kapern die Mangroven! Zukünftige Generationen werden noch von uns sprechen, wenn wir jetzt …«

Roger setzte zu einer Kunstpause an. Heinrich, Francis und Esmeralda lauschten.

»Wenn wir jetzt …«, wiederholte Roger.

124

»Wenn wir jetzt nicht aufgeben!«, fuhr ihm Kaukasius in die Parade.

Er erhob sich aus dem Arm des Affen und wirkte mitgenommen. Als hätte ihn ein böiger Wind aus der Kurve getragen und gegen einen der Luftwurzelbäume geschleudert.

Billabongkönig: Zugleich witterte Kaukasius wieder Morgenluft. Er wusste, er konnte die Tiere auf seine Seite bringen. Er musste mit ihnen reden, sie überzeugen, sie einspinnen. Das konnte der ja schon immer!

»Wenn ihr jetzt auf mich hört!«, schrie Kaukasius.
»Wenn ihr jetzt bei mir mitmacht!«, übertönte ihn Roger.
»Ich schenke euch die Mangrovenwelt!«, versprach Kaukasius.
»Ich lege Mikronesien obendrauf!«, verkündete Roger.
»Das gehört dir doch gar nicht!«, widersprach Kaukasius.
»Aber wir werden es erobern!«, krakeelte Roger.
»Wir holen uns beide Welten!«, zeterte Kaukasius.
»Ihr müsst nur für mich kämpfen!«, krähte Roger.
Die zwei Kontrahenten standen sich auf einem Mangrovenast gegenüber, der weit in die Luft hinausragte. Bei jedem Wort flatterten sie wild mit den kleinen Flügeln. Heinrich, Francis und Esmeralda wussten nicht, was sie tun sollten. Auch die Tiger, die handtellergroßen Spinnen, die Affen und selbst die kleinen, neongrellbunten Frösche konnten sich für keine Partei entscheiden. Sie schlugen hastig in ihren Büchern nach. Doch aus den Seiten stiegen nur Fragezeichen.

Billabongkönig: Das alles bekam ich nicht richtig mit. Während die wild herumschrien, schubsten Patrick und ich uns durch die Fluten. Wir klatschten zusammen, Brust an Brust. Wir setzten die Schwanzflossen gegeneinander ein. Wir kämpften, und es sah ganz so aus, als würde keiner von uns zweien nachgeben.

Ben hatte das Gefühl, dass ihm alle zusahen …

Billabongkönig: Stimmt! Ich spürte, wie die Tiere unser Duell verfolgten. Sie wollten den Ausgang abwarten. Umso wichtiger war es, dass ich alles gab.

Ben und Patrick stritten und rangen, zankten und rauften, balgten und hauten, prügelten und hieben. Ihre Schuppen waren bereits zerzaust. Allmählich wurden die Angriffe langsamer. Nicht mehr so zielgerichtet, weniger kraftvoll, schleppend …
Ben war der Erste, der den Kopf aus dem Wasser streckte. Er wartete, bis auch Patrick auftauchte.
»Waffenstillstand?«, fragte er.
Patrick sah irritiert zu ihm. Dann, nach einer längeren Pause, nickte er. »Waffenstillstand!«
Sie schwammen vorsichtig aufeinander zu.
»Nein!«, schrie Kaukasius.
»Niemals aufgeben!«, tobte Roger.

Billabongkönig: Ich wollte Patrick die Zehen reichen – und dann mal sehen ... Ich hatte so ein Gespür, dass wir uns einigen könnten. Klar, er war die Ratte, der Überläufer! Trotzdem hatte ich für einen Augenblick wirklich Hoffnung. Sie leuchtete wie ein fetter Stern in der Nacht. Da sah ich die Hölzer des zerstörten Käfigs ...

Die Hölzer schwammen um Patrick herum. Seine Schnauze war unter Wasser, während er sich langsam auf Ben zubewegte. Nur die Augen schauten heraus. Kleine, glitzernde Augen, die etwas im Schilde führten.
Ben hob einen Fuß, als Patrick jäh aus dem Wasser hervorschoss und zuschlug.
Er führte einen der stärksten Stämme im Maul, warf sich auf Ben und erwischte ihn schwer am Kopf. Ben sackte sofort zur Seite, schaffte es gerade noch ans Ufer – und brach zusammen.

Billabongkönig: Ich erwachte kurz. Dann war ich wieder weg. Danach – ein heller Moment. Dann wieder die totale Dunkelheit. Düstere, schwarze Nacht.

So ging es einige Minuten. Bewusstsein und Ohnmacht wechselten in schnellem Tempo.

Billabongkönig: Da hörte ich einen der Affen. Es war derjenige, der Kaukasius in die Mangrovenkrone getragen hatte: »Schnappt euch die Früchte! Für Kaukasius!«

Derjenige neben mir sah mich an. Ich tat ihm wohl leid. Es war Lapislazuly, der schmächtige, kleine Kerl, dem ich die vergorenen Früchte versprochen hatte. Er schien ernsthaft zu überlegen, dann rief er: »Für Ben! Den einzigen Herrscher der Sumpflandschaft!«

Patrick reckte das Holz in die Höhe. Er spuckte es weit ans Ufer. Einige Spinnen retteten sich zur Seite. »Für Roger!«, schrie er und klickte, was er an Krokodilsklicken zustande brachte. »Setzt alles ein, was ihr habt!«

Die Tiger fuhren die Krallen aus und gingen unbeirrt auf die Affen los. Sie bissen in ihre Schwänze, schubsten sie herum und brüllten sie auf die Bäume. Die Spinnen verteidigten ihre verlausten Gefährten und zwickten den Tigern äußerst unangenehm in die Ohren. Die Frösche warfen ihre höchst richterlichen Bücher nach allem, was sich bewegte. In erster Linie, damit niemand aus Versehen auf sie trat.

Nur Ilona und Friedolin lagen noch immer bäuchlings am Ufer. Es hatte sie schwerer erwischt als vermutet. Doch noch atmeten sie.

Im Wasser gerieten Heinrich, Francis, Esmeralda und Patrick in einen ungezügelten Streit. Esmeralda versuchte Heinrich und Francis zu überreden, dass es jetzt wirklich Zeit war zu gehen. Sie setzte dafür mehrmals die Schwanzflosse ein.

Patrick versuchte ihnen zu zeigen, dass er der Größte war. »Ich habe Ben mit einer List besiegt!«, prahlte er. »Schaut ihn euch an! Der rappelt sich nicht mehr hoch!«

Billabongkönig: Seine Worte drangen an meine Ohren. Doch ich konnte sie nicht richtig einordnen. Ich lag völlig zerbröselt da und hatte zu tun, dass ich keine der Früchte abbekam. Immer wieder rollte ich mich, so schnell ich konnte, zur Seite. Hätte ich mehrere von ihnen abgekriegt, wäre ich vielleicht wirklich liegen geblieben. Für immer.

Du musst den Leuten schon erzählen, was es mit diesen Früchten auf sich hat.

Billabongkönig: Mach du das! Wenn ich an diese Minuten denke, wird mir noch heute anders.

Die Mangrovenbäume sind Bäume wie viele andere. Sie tragen Früchte. Dabei handelt es sich um zitronenförmige, avocadoartige Teile, die man ziemlich geschickt werfen kann. Wenn sie einen treffen, dann tut das weh.

Billabongkönig: Deshalb rollte ich mich immer wieder zur Seite. Ich musste Zeit gewinnen und Kraft.

Ben!

Billabongkönig: Jaa?

Du bist gar nicht so sehr beteiligt!

Billabongkönig: Was meinst du?

Am Kampfgeschehen. Du machst keine so gute Figur! Du liegst nur herum und versuchst irgendwie zu überleben. Das ist, ehrlich gesagt, nicht so heldenhaft …

Billabongkönig: Glaub mir, man muss kein Held sein! Helden sterben früh und hinterlassen nur Leute, die um sie trauern! Wichtiger ist, dass man vorgesorgt hat …

Das heißt?

Billabongkönig: Das wirst du gleich sehen … Aber jetzt gib mir mal einen Happs zu essen! Mir wird schon wieder total schwummerig.

Hier, bitte! Aber langsam schlucken! Wir haben noch ein paar Seiten vor uns.

Billabongkönig: Ja, Mama!

Einige der Affen retteten sich auf die Bäume, wo sie vor den Tigern sicher waren. Dort hingen die harten Früchte. Die Affen pflückten sie. Wie Steine lagen sie in der Hand. Die Affen blickten sich gegenseitig an. Dann feuerten sie mit den Dingern los. Sie trafen andere Affen, Tiger, streiften Spinnen und Frösche und schossen auch auf die Billabongkönige im Wasser.

Der Kampf wogte hin und her. Es entstand ein heilloses Durcheinander, bei dem jeder gegen jeden stritt. Dazwischen Kaukasius und Roger, die ihre Armeen befehligten, die sich nach jedem Angriff wieder neu zusammensetzten.

Billabongkönig: Wäre es so weiter gegangen, hätten wir bald dichtmachen können. Wir beklagten noch keine Toten und auch keine Schwerverletzten. Doch wir waren auf dem Weg dorthin. Langsam hievte ich mich auf die Beine. Das war eine Anstrengung, sag ich dir, wie ich sie nie zuvor unternommen habe!

Eine heldenhafte Anstrengung?

Billabongkönig: Ach, lass mich mit deinen Helden in Ruh! Die sind auch bloß aus Fleisch und Blut. Und wenn sie das nicht sind, sind sie langweilig.

»Jetzt!«, schrie der Billabongkönig Ben, so laut er konnte. »JETZT!«

»Das kriegen wir hin«, antwortete Der Gute Rat. »Sie brauchen aber nicht so zu brüllen! Meine zarten Ohren nehmen Schaden. Ich war immer in Ihrer Nähe. Hier, hinter der Mangrove! Sehen Sie?« Der Gute Rat räusperte sich. »Also, soll ich jetzt ... also loslegen?«

»Bitte«, erwiderte der Billabongkönig freundlich.

Billabongkönig: Von da an wusste ich, dass wir gute Chancen hatten. Ich zog meinen Joker und spielte ihn, während um mich herum das Schlachtfeld tobte. Ich überlegte sogar, ins Wasser zu gleiten und es mit den vieren erneut aufzunehmen.

Doch Sarah, die Sehkuhdame, hob den Kopf aus dem Nass und sprach: »Wir ... haben ... allmählich ... genug ... gesehen! ... Es ... regnet ... Früchte. ... Sie ... gleiten ... zwar ... langsam ...

durchs … Wasser … aber … wir … müssen … ausweichen. …
Das … ist … nicht … gut. … Das … stört … beim … Verdau-
en. … Selbst … die … Wasserhyazinthen … geraten … in … Auf-
ruhr. … Du … hast … uns … versprochen … dass … wieder …
Frieden … einkehrt. … Wo … ist … der? … Wo?«

Billabongkönig: So viel hatte Sarah noch nie gesagt. Es war
allerhöchste Zeit, dass die Sache anlief.

Ben beschwichtigte die große Seekuh, indem er antwortete:
»Eine Sekunde noch! Nein, zwei! Siehst du es?«, und schnur-
gerade zum Horizont deutete.
Sarah drehte den schweren Kopf. Eine Mangrovenfrucht kam
von den Bäumen herabgesegelt. Ben wehrte sie mit einer läs-
sigen Fußbewegung ab.

»Was … soll … da … sein? … Ich … sehe … nichts.«

»Schau genauer hin! Da, da hinten!«

Sarah stellte die Augen schärfer. Nora und Barnabas tauchten auf, die mittlere und die kleine Seekuh. »Seht … ihr … was … Freunde?«

»Jaaaa …«, rief Barnabas nach einer geraumen Zeit. »Da … kommt … was. … DakommtwasGroßes!«

Billabongkönig: In meinem ganzen Leben habe ich niemals eine Seekuh so schnell reden hören! Barnabas überschlug sich fast. Er verschluckte sich, hustete.

Der Horizont verdunkelte sich mit jeder Minute. Noch fiel es im Kampfgetümmel nicht auf. Da war eine Armee im Anmarsch. Eine Riesenwelle. Ein Tsunami.

Roger war der Erste, der davon Wind bekam. »Leute!«, zwitscherte er über die Stimmen aller hinweg, die wild herumschrien, sich in Deckung brachten oder angriffen. »Stopp, alle Mann! Wartet! Da ist was … Gigantisches! Wir müssen uns jetzt zusammenraufen, bevor es weitergeht!«

Wie durch ein Wunder hielten die Tiere inne und schauten hin.

Billabongkönig: Ein Wunder war das tatsächlich *nicht*! Es war ein Brausen im Meer, als hätte die Saison der Wirbelstürme gerade eingesetzt. Als wäre es nicht nur einer, sondern zehn, die geradewegs auf uns zurasten.

134

Was sich da heranbahnte und immer näher kam, waren aber keine Wirbelstürme und auch keine Riesenwellen. Es waren keine Regengüsse, keine Schiffsflotten, keine Außerirdischen oder Düsenjets. Was da heranwogte, waren …

»Rochen!«, schrie Roger. »Wir müssen uns gegen einen äußeren Feind wappnen! Gegen einen größeren, der unser Reich bedroht! Hebt wieder die Früchte auf! Wir müssen … Macht schnell, macht schnell!«

Seine Befehle gingen in einem Donner unter, den die Mangrovenwelt nie gehört hatte. Eine Tausendschaft von Rochen surfte elegant über den Ozean. Hinter ihr teilten Zitteraale die Wellen. Hinter den Zitteraalen durchpflügten Haie die Fluten. Hinter den Haien bogen sich Wale durchs Meer.

Die Tiere am Ufer blickten gebannt zur See. Immer näher kamen die Rochen, die Zitteraale, die Haie, die Wale. Sie keilten sich durch die Wassermassen, das Meer bäumte sich auf, Gischt spritzte und einige Seevögel brachten sich panisch in Sicherheit.

Außerdem hörte man immer wieder ein »Aua!«, gefolgt von einem derben Fluch, weil einer der Affen eine Mangrovenfrucht fallen ließ …

Nach etwa zwanzig Minuten …

Billabongkönig: Es können auch zwanzig Stunden oder zwanzig Sekunden gewesen sein. Wir sahen dem Schauspiel zu, und wir konnten den Blick nicht abwenden. Da vergeht die Zeit anders. Da hast du keinen Hunger und keinen Durst. Da denkst du an gar nichts mehr.

Nach einer geraumen Zeit, in der alle wie paralysiert auf das Geschehen geblickt hatten …

Billabongkönig: Sogar Friedolin und Ilona, die sich langsam erholten.

Jetzt unterbrich mich nicht dauernd! Ich weiß, dass die zwei noch leben.

Billabongkönig: Verzeihung. Aber ich fand das wichtig.

Klappe, die dritte!
Nach einer geraumen Zeit, in der alle wie paralysiert auf das Geschehen geblickt und sich selbst Friedolin und Ilona wieder erholt hatten, erreichte der vorderste Rochen den Sumpf.
»BEN!«, rief er laut. »Wo ist BEN, bitte?«
»Ich bin HIER«, antwortete Ben, nachdem er eine kleine Denkpause verstreichen ließ. »HIER DRÜBEN!«
»Ah gut. Gibt es Probleme? Dürfen wir beistehen?«
»Ich glaube«, erwiderte Ben gelassen, »das hat sich soeben erledigt. ODER?«
Ben sah vom Rand des Wasserlochs, wo er noch immer auf schwachen Beinen stand, hinauf zu den Mangroven, die Ufer-

linie entlang an den Tigern, Spinnen, Fröschen und Affen vorbei zu Kaukasius und Roger.

»Oder?«, fragte er wieder. Diesmal schon etwas leiser.

»Ich, äh, denke, wir gehen besser«, flüsterte Roger. »Jungs, kommt ihr? Jungs?«

Esmeralda, Francis und Heinrich schüttelten sacht die Köpfe.

»Nö«, antwortete Esmeralda für sie. »Flieg schon mal vor! Wir kommen wahrscheinlich nicht nach.«

Patrick sagte nichts. Er schwamm geduckt bis zur Mündung des Sumpfs, die von zahlreichen Rochen, Zitteraalen, Haien und Walen versperrt war.

»Sollen wir den mitnehmen?«, fragte der vorderste Rochen wieder. Er zeigte auf Patrick.

»Mach mal, Radomir!«, antwortete Ben. »Und übergebt ihm bitte dem nächsten Wirbelsturm. Damit hat er bereits Erfahrung. Wo es ihn hinträgt, da darf er gerne bleiben. Aber bitte verbreitet vorher die Nachricht, was Roger und Patrick vorhatten! Ich möchte, dass jeder, der mit den beiden zu tun hat, auch weiß, mit *wem* er es zu tun hat.«

»Das geht klar. Oder, Männer? Frauen?«

Ein vielstimmiger Chor schwoll an, der ein posaunenartiges, tiefes »Jaaaaaaa!« formte.

»Übrigens, danke«, fing Radomir wieder zu sprechen an, »dass du so viele von uns über die See geschwommen hast! Dank dir, Ben, waren wir schneller und konnten wichtige Dinge erledigen.«

»Ich durfte endlich meine Eltern wiedersehen«, rief einer der Rochen in der vorletzten Reihe.

»Und ich meine Enkelkinder«, ergänzte ein zweiter in Reihe sieben.

Einer in der dritten Reihe verkündete: »Ohne Sie wäre ich nie beim Apotheker des Marianengrabens vorbeigekommen. Meine Schuppenflechte ist seither weg.«

»Ich hätte nie diesen neuen Job, wenn Sie nicht mein Chauffeur gewesen wären. Ich war echt spät dran.«

Ein Murmeln ging durch die Reihen der Rochen, und die Geschichten und Dankesgrüße vermischten sich, bis man nur noch einzelne Worte wahrnahm und Ben etwas beschämt zur Seite blickte.

»Keine Ursache«, murmelte er.

Erneut war es der Anführer, der sich zu Wort meldete. »Sollen wir uns wieder auflösen? Oder brauchst du uns noch?«

»Den Rest«, antwortete Ben, »krieg ich alleine hin. Und bitte meldet euch, wenn ich wieder was für euch tun kann! Ach, eine Frage habe ich noch …«

Damit glitt Ben ins Wasser. Er unterhielt sich länger mit Radomir, dem Rochen. Danach verabschiedeten sie sich, Ben dankte auch den Zitteraalen, Haien und Walen und wandte sich, nachdem sie Patrick mitgenommen hatten und Roger nicht wusste, wohin er fliegen sollte und

dann doch überstürzt das Wei-
te suchte, an die Tiere, die ihre
Wunden leckten und noch immer wie vom Donner gerührt da-
standen. Was war das jetzt, schienen sie zu denken. Weshalb hatten
wir überhaupt Streit?

Bevor Ben etwas sagen konnte, erhob
sich Kaukasius. Er stand auf den Armen
des Affen hoch in der Mangrovenkrone.
»Billabongkönig Ben!«, begann er. »Sie haben
mir einen großen Dienst erwiesen. Ich verzeihe Ihnen
Ihr Vergehen! Wenn Sie wollen, können Sie als meine rechte
Hand mitregieren. Wir zwei, Seite an Seite, können sehr viel
erreichen. Denn mein ursprüngliches Vorhaben, Mikronesien
zu erobern, habe ich noch nicht aufgegeben.«

Ben klappte die Kinnlade in den Sumpf. Auch die Tiger, die
Spinnen, die Affen und die Frösche runzelten die Stirn, zogen
die Augenbrauen nach oben, sahen betreten zur Seite oder
staunten mit offenem Mund.

»Was für ein hervorragender Vorschlag!«, antwortete Ben und
machte eine leichte Verbeugung vor Kaukasius. Der erwiderte die Verbeugung und rieb sich die kleinen Flügel. »Mögen
Euer Hochwohlgeboren wohl zu mir herabgleiten und einmal
in meinen Rachen fliegen!«

»Es ist mir eine große Ehre!«, erwiderte Kaukasius Grätenzieher II. Ihro Exzellenz von Stolzhausen-Stammberg gediegen.

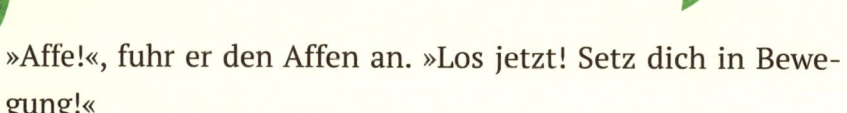

»Affe!«, fuhr er den Affen an. »Los jetzt! Setz dich in Bewegung!«

Der Affe kletterte von der Mangrove herab. Dort setzte er den noch immer mit einem Gips versehenen Krokodilwächter in das Maul von Ben.

Ben klappte den Rachen zu.

»HEE, WAS SOLL DAS? LASS MICH RAUS! WAS IST DAS DENN? SOFORT AUFMACHEN. ICH WERDE …«

»Waf wirft du?«, fragte Ben.

Dann blickte der Billabongkönig in die Runde. Auf den Mangrovenbäumen sah man inzwischen die Krokodilwächter. Sie hatten sich nah am Stamm versteckt, während der Kampf getobt hatte. Jetzt standen sie etwas zappelig, aber innerlich gelöst, auf den Ästen und Zweigen neben den Affen und sahen zu Ben.

Es ist gut, dachte der, dass es so viele Zahnärzte in dieser Gegend gibt.

Bei Ben, dem Krokodilwächterjungen, blieb sein Blick hängen. Neben ihm saß seine Mama, und zum ersten Mal sah er auch seinen Papa, der etwas größer war und sehr freundlich dreinblickte.

»Darf iff?«

Die tausend Krokodilwächter nickten.

Happs!

Ben spürte, wie Kaukasius langsam in seinen Magen glitt.

Alles wieder gut, oder?

Das kannst du nicht machen!

> Billabongkönig: Was kann ich nicht machen? Was meinst du?

Happs? Ernsthaft?

> Billabongkönig: Am Ende verbündet er sich noch mit Roger, und der Quatsch geht wieder von vorne los.

Du bist also für die Todesstrafe?

> Billabongkönig: Nein, bin ich nicht!

Dann würg ihn heraus!

> Billabongkönig: Wenn es sein muss ... Den Gips fand ich eh widerlich. Das kratzt und knirscht, wenn man den hinunterschluckt.

Ben würgte Kaukasius wieder heraus.
Kaukasius rüttelte und schüttelte sich. »Bääh! Iiieh! Ich habe deinen Mageninhalt gesehen! Das ist ja widerlich.«

Diesmal erhob sich Bens Mama. Sie flatterte über den Bäumen, wo die vielen, vielen Krokodilwächter saßen, und fixierte Kaukasius.

»Es tut mir leid, aber *Sie* sind *widerlich*! Wir hatten es hier sehr schön. Wir waren eine Gemeinschaft, bis Sie, Sie ...«

»Ach was!« Kaukasius blickte verächtlich nach oben und spuckte aus.

»Ihr habt doch alle nicht meine Fähigkeiten! Niemand von euch! Fragt Ilona und Friedolin! Fragt Esmeralda, Francis und Heinrich! Ihr seid Stümper, das seid ihr! Ihr alle ...« Kaukasius strich sich mit einem Flügel über den Kopf und hinkte von dannen. »Ihr alle, wie ihr dasitzt und euch freut, ihr seid keine Künstler!«

»Hiergeblieben«, knurrte Ben mit zusammengepressten Zähnen. »Erstens ist Ben ein hervorragender Zahnarzt.«
Ähm, du lügst!

Billabongkönig: Ja, gut, das war eine Notlüge. Aber was sollte ich machen? Lieber eine schmerzhafte Behandlung als diese Diktatur!

»Und zweitens kann es nicht sein, dass nur einer herrscht. Wir sind alle Herrscher oder keiner!«

»Auf Keiner!«, rief der Affe, der Kaukasius transportiert hatte.
»Auf Keiner!«, stimmten die anderen ein. Sogar Friedolin, Ilona, Esmeralda, Francis und Heinrich nickten.
Die nächsten Tage gab es sehr viel zu tun. Ben sorgte dafür, dass die Gesetzbücher neu geschrieben wurden.

> Billabongkönig: Ich schaffte mich sozusagen als Herrscher ab. Wir wurden zu einer Demokratie.

Die Affen bauten einen Käfig für Kaukasius. Zwei Tiger bewachten ihn.

> Billabongkönig: Trotzdem gab es Zwischenfälle.

Welche denn?

> Billabongkönig: Kaukasius konnte ja gut mit Worten. Er belatscherte die zwei Tiger, bis sie ihn aus dem Käfig holten. Er versprach ihnen ein Leben, in dem sie immer satt waren. Stell dir das vor! Keinen Hunger mehr.

Das stelle ich mir langweilig vor.

Billabongkönig: Aber erst einmal klingt es spannend! Zum Glück kriegten es die Spinnen mit und zwickten die Tiger, bis sie wieder klar denken konnten. Danach hatte ich mit den Billabongkönigen zu tun. Esmeralda, Francis und Heinrich wollten bei uns bleiben. Ilona und Friedolin bestanden auf bessere Reviere. Wir einigten uns darauf, dass die Sümpfe uns allen gehörten. Nur beim Fischfang durfte niemand gestört werden.

Zwei Wochen dauerte es, bis die Verhandlung losging. Denn jetzt, in einer Demokratie, musste es eine Verhandlung geben. Eine fairere als die, die Ben damals nach seiner Reise bekommen hatte.
Der kleinste der Frösche hatte den Vorsitz. Er saß hoch oben auf einem ausladenden Mangrovenbaum. Zu beiden Seiten von ihm hockten vier Frösche; dicke Aktenorder lagen vor ihnen. Die Beisitzer trugen Brillen mit schweren Gläsern, und immer wieder griff einer nach den Akten und schlug etwas nach.

Unter ihnen versammelten sich die Billabongkönige und Affen, die Tiger und Spinnen. Selbst die Seekühe streckten ihre Köpfe aus dem Wasser. Die kleinen, neongrellbunten Frösche, die nicht als Richter berufen waren, wiesen ihnen die Plätze zu. Vor dem obersten Richter, hoch oben im Baum, lag der neueste Gesetzestext. Im Vergleich zu den früheren Büchern, die nicht mehr gültig waren, bestand er aus einer einzigen Seite.

»Ruhe!«, begann der Vorsitzende und klopfte mit einer der harten Früchte auf einen Ast. »Ruhe, bitte!« Er war so klein, dass ihm der Richterhut immer wieder über die Augen rutschte.

»Zunächst«, begann er, »verlese ich die neuen Erlasse.« Wieder rutschte ihm der Hut über die Augen. Er richtete ihn gerade. »Ähhhmm!« Der Richter räusperte sich wichtig. »Ab sofort werden wir in den Mangroven so zusammenleben, dass es jedem nutzt, und, was noch wichtiger ist, niemandem schadet. Dabei spielt es keine Rolle, wie groß oder wie mächtig man selbst ist. Wir achten jeden, und wir bemühen uns, die Gaben der Natur gerecht unter uns aufzuteilen.«

»Blödsinn!«, krähte Kaukasius in die Rede. »Es muss einen Chef geben. Sonst geht alles den Bach runter.« Er hockte in seinem Käfig und war schlechter Laune. Die Tiere beachteten ihn nicht weiter. Nur der vorsitzende Richter unterbrach kurz die Lesung. »Zu Ihnen, Herr Grätenzieher, kommen wir auch noch.« Dann sprach er weiter.

»Kaukasius Grätenzieher II. Ihro Exzellenz von Stolzhausen-Stammberg«, krakeelte der Krokodilwächter. »So heiße ich. Nur so.«

Der Richter las und die Worte schwebten auf die Tiere herab. Es waren gute Worte. Worte, die wirkten; obwohl man nie weiß, wie lange ...

Billabongkönig: Was soll das heißen?

Na ja, du kannst dir noch so gute Gesetze ausdenken. Jedes Wesen ist anders und jeder hat gute und schlechte Tage. Deshalb geht nicht immer alles glatt.

Billabongkönig: Auch wieder wahr.

Am Ende der Rede brandete ein begeisterter Applaus nach oben. Die versammelten Richter verbeugten sich.
»Nun zu Ihnen«, rief der oberste Richter und blickte streng zu Kaukasius. »Ihren Namen wissen wir ja schon! Sie sind heute angeklagt, weil Sie einen Krieg angezettelt und uns alle gegeneinander aufgehetzt haben. Dieses Verhalten können wir nach dem neuesten Gesetz nicht dulden.«
»Aha«, triumphierte Kaukasius. »Nach dem neuesten Gesetz! Aber nach dem alten war es erlaubt. Also bin ich unschuldig.«
Der Richter brauchte einen Moment, um seinen Hut wieder über die Stirn zu heben. »Nun, sehr verehrter Herr Grätenzieher!«
»Kaukasius Grätenzieher II. Ihro Exzellenz von Stolzhausen-Stammberg«, krächzte Kaukasius. »Nennen Sie mich bei meinem richtigen Namen!«

Der Richter ließ sich auch diesmal nicht beirren. »Es gibt solche und solche Gesetze, doch es gibt etwas, das über den Gesetzen steht. Die Achtung vor dem Leben. Diese haben Sie, Herr Grätenzieher, verletzt, woraus ich schlussfolgere, dass zunächst einmal Ben, der Billabongkönig, einstiger Herrscher über die Mangrovenwelt, von aller Schuld freigesprochen ist. Er verweigerte sich zwar einem Versprechen. Doch er verweigerte sich für einen höheren Zweck.«

Bens ledrige Krokodilhaut errötete. Er verbeugte sich unmerklich.

»Anders gesagt«, fuhr der Richter fort, indem er sich wieder Kaukasius zuwandte. »Ihr Wunsch hätte niemals ausgesprochen werden dürfen.«

»Ach ja«, warf Kaukasius wütend ein. »Was bringen mir Wünsche, wenn ich sie nicht so umsetzen darf, wie ich will?«

»Oh«, erwiderte der oberste Richter gelassen. »Sie dürfen sich wünschen, dass Ihre Praxis verschönert wird. Sie dürfen sich Nahrung wünschen. Sie dürfen sich alles wünschen, was niemandem«, er blickte wieder in die neuesten Gesetze, »ernsthaft schadet.«

»Das ist ungerecht, ungerecht, ungerecht!«, kreischte Kaukasius. »Außerdem wurde ich reingelegt. Roger und Patrick haben uns wesentlich mehr geschadet, als ich es konnte.«

Ein Murmeln erhob sich. Es gab vereinzelte »Ja, das stimmt! Da hat Kaukasius wirklich recht!«-Rufe.

Der Richter tauchte erneut aus dem Hut hervor. »Ich will Ihnen nicht widersprechen, dass uns Roger und Patrick noch

mehr beschädigt haben. Doch die zwei haben ihre Strafe bereits erhalten. Außerdem verurteilen wir sie in Abwesenheit dazu, nie wieder die Mangrovenwelt zu betreten. Da wir aber alle noch üben und selbst nicht so genau wissen, was ein gerechter Prozess bedeutet, bieten wir Ihnen, Herr Grätenzieher, an, sich wieder unter uns einzureihen. Als *ein* Zahnarzt von Tausenden. Ohne Sonderrechte. Ohne Stammkunden. Bitte denken Sie in Ruhe darüber nach, während wir noch einige Angelegenheiten zu klären haben. Denn Aufklärung ist es«, der Hut machte sich wieder selbstständig, »die wir anstreben. Wir wollen sehen, indem wir verstehen, was geschehen ist. Doch zunächst«, der oberste Richter räusperte sich, »beantrage ich eine Pause! Ich muss meine Stimme ölen.«
Der Vorsitzende verschwand und kehrte frohgemut wieder zurück.

Billabongkönig: Ich hatte den Verdacht, dass er hinter dem Stamm eine vergorene Frucht versteckt hält.

Ein betrunkener Richter. Das ist aber nicht gerade eine faire Verhandlung.

Billabongkönig: Du hast ihn doch selbst gehört. Wir müssen noch üben!

»So, wo waren wir?« Der höchste der hohen Richter ließ sich eine der Akten geben und schlug sie auf. Versonnen blätterte er darin herum. Dann tippte er auf eine markierte Stelle. »Genau. Da steht es! Es gibt noch einige offene Fragen. Ben!«

Billabongkönig: Einer seiner Froschfinger zielte direkt auf mich.

»Wie entkamen Sie Ihrem Käfig? Wie haben Sie es geschafft, diese Armee zusammenzutrommeln? Woher wussten Sie vom Verrat von Patrick? Und was hatte das alles mit Esmeralda, Francis und Heinrich zu tun?«
Ben erhob sich aus dem Wasser. Er stellte sich in die Mitte der Zuschauer. Erst wollten ihm nicht die richtigen Worte einfallen.

Billabongkönig: Stimmt! Ich finde es gar nicht so leicht, vor Publikum zu sprechen.

Dann reckte er seinen Kopf in die Luft, hin zu den vielen Zweigen der vielen Mangrovenbäume. »Ohne meine Verbündeten«, sagte er leise, »hätte ich es nie geschafft!«
Die Krokodilwächter antworten mit einem Flattern der Flügel. »Einen muss ich ganz besonders hervorheben. Ben! Würdest du bitte ...?«

Ben, der kleine Krokodilwächter, flügelte in die Höhe. Die Tiere gaben ihm einen wohlwollenden Applaus.

Der Billabongkönig wartete, bis es wieder ruhig war. »Ich muss mich bei Ihnen allen entschuldigen! Wir sind der Zahnbehandlung dieses feinen Herrn verfallen.« Er deutete auf den Vogelkäfig, der an der ausladenden Mangrove baumelte. »Er hat uns verhext. Wir waren völlig meschugge. Wir sind ihm verfallen wie einem … einem Zauberer.«

»Ja, weil ich gut bin!«, platzte Kaukasius heraus. »Weil ich außergewöhnlich bin! Weil ich der Einzige bin, der Beste, der Größte!« Er plusterte sich in seinem Gatter auf.

»Selbst wenn das stimmt, hast du nicht die Erlaubnis, diese Fähigkeit zum Schaden von allen einzusetzen. Doch darauf wollte ich gar nicht hinaus. Ich möchte Sie alle bitten, wieder unsere Zahnärzte zu werden!«

Friedolin, Ilona, Esmeralda, Francis und Heinrich stimmten mit einem lauten Klicken zu. Die Vögel auf den Bäumen antworteten mit einem sanften Schnabelklappern.

»Jetzt zu Ihnen, Herr Richter!« Der Richter und seine acht Beisitzer beugten sich leicht herab. »Einen weiteren wichtigen Verbündeten muss ich unbedingt noch herausstellen. Er ist hier. Hier unter uns. Doch nur ich kann ihn sehen.«

»Danke«, wisperte ihm Der Gute Rat ins Ohr.

»Er ist mir in der dunkelsten Stunde beigestanden. Er hat Radomir, dem Rochen, Bescheid gegeben. Der hat zuerst seine

Leute rekrutiert, wie er mir vorhin gesteckt hat. Die haben dann die Zitteraale mitgenommen, weil die Zitteraale den Rochen noch etwas schuldeten, und die Zitteraale die Haie und die Haie die Wale. So war das.«

»Ach, was soll's«, sagte Der Gute Rat und zeigte sich. »Ich habe das Gefühl, dass Sie alle einen guten Rat gebrauchen können!«

»Kurze Unterbrechung«, bat der oberste Richter. »Beisitzer!«, sagte er. »Kommt mit!« Diesmal waren sie länger verschwunden.

Billabongkönig: Kein Wunder. Jeder musste sich einen Drink genehmigen!

Die Richter nahmen erneut ihre Plätze ein. »Bitte!«, sprach der Vorsitzende und richtete sich den Hut.

»Es gibt nur einen Haken«, setzte Ben, der Billabongkönig, wieder an. »Ich habe ihm 75 Prozent unseres Goldes versprochen.«

Ein Raunen ging durch die Menge. »Gold?«, jackten die Affen. »Wir haben Gold?« Die Seekühe wiegten die Köpfe. Die Tiger stellten die Ohren auf. Die Spinnen steckten verwirrt ihre Scheren weg. Die Krokodilwächter zwitscherten aufgeregt. Sogar die Frösche im Publikum und die Richter auf der Mangrove staunten.

Der oberste Richter fasste sich. »Woher wissen Sie das?«

»Oh«, antwortete Der Gute Rat. »Er weiß es nicht. Ich weiß es.«

»Aber woher?« Der Vorsitzende kämpfte mit seinem Hut.

»Nennen Sie es – ein Gefühl! Meine 6.987 Kinder, Moment, es sind gerade zwei neue dazugekommen, nein vier, meine 6.991 Kinder sind schon dabei, erste Stollen zu bauen. Wir stützen die Erde ab und wir graben. Wir sorgen dafür, dass das Gebiet nicht wie ein Schweizer Käse aussieht. Wir sind sehr geübt darin, und 25 Prozent des Goldes gehört Ihnen. Sie verfügen darüber frei!«

»Seht ihr!«, kreischte Kaukasius. »Er verkauft euch! Er verfügt über eure Erde, euer Land! Darf er das? Hat er die Erlaubnis, wenn ich sie nicht habe?«

Kaukasius hüpfte in seinem Käfig, der wild hin- und herschwang.

Wieder gab es vereinzelt Zustimmung. Dieser Krokodilwächter war nicht nur ein guter Zahnarzt. Er war wirklich verdammt gut mit Worten.

Billabongkönig: Manchmal hilft einfach nur Ablenkung. Ich erzählte ihnen, wie ich nach dem Gespräch mit dem Guten

Rat und der Aussicht, dass er die Rochen holt, plötzlich total erleichtert war – und mir dann was einfiel. So ist das ja meistens. Wenn du entspannt bist, fliegen dir die Ideen zu. Ich erinnerte mich an die Billabongkönige, die ich in meinem Revier und dann wieder im Meer gesehen hatte. Auf einmal wurde mir klar, was sie wollten! Sie waren Spione, die Roger losgeschickt hatte. Roger hatte schon immer den Plan, die Mangrovenwelt zu erobern.

»Jajaja! Das stimmt. Deshalb wollte ich ihn besiegen!!«, krähte Kaukasius in die Rede.

Der Billabongkönig schnitt ihm das Wort ab. »Heute denke ich, dass Roger und Kaukasius zur gleichen Zeit den exakt gleichen Plan hatten. Roger wollte unser Land. Kaukasius wollte Mikronesien. Und selbst wenn du die Idee gehabt hast, uns zu retten, hättest du, Kaukasius, mit uns vorher reden müssen. Mich als Mordkommando loszuschicken, das geht nicht!«

Volle Zustimmung der Versammelten.

»Von Patricks Verrat erzählte mir Ben, der Krokodilwächterjunge. Und ich dachte mir, es könnte ungemütlich werden, wenn ich sogar einen Deckel auf meinen Käfig bekommen soll. Deshalb fiel mir das Naheliegenste ein. Ich dachte an die tausend Krokodilwächter und daran, wie geschickt sie mit ihren Schnäbeln sind.«

Volle Zustimmung der Krokodilwächter.

»Den Rest habt ihr selbst miterlebt. Und jetzt stehen wir hier und versuchen das Wirrwarr zu entknoten.«

Während der ganzen Rede hatte Esmeralda ihre Augen nicht von Billabongkönig Ben lassen können.

Billabongkönig: Jetzt hör aber auf, ja! Das ist absolut meine Sache.

Sie sah ihn an, und da lag ein Funkeln in ihren Augen. Fast könnte man meinen ...

Billabongkönig: Schluss! Erzähl lieber vom Richter!

Der oberste Richter verdrückte sich erneut hinter den Stamm. Seine Beisitzer folgten ihm.
Sie torkelten zu ihren Plätzen zurück und setzten sich. Dann richteten sich alle Augen zum Vorsitzenden.
»Im Namen der Mangroven verkünde ich folgendes Urteil!« Die Worte schlingerten, und der Verdacht lag nahe, dass da mehr als eine Frucht hinter dem dicken Stamm lagerte. »Ben wird in allen Anklagepunkten freigesprochen! Er hat schlüssig und überzeugend dargelegt, wie es dazu kam, wie es heute ist. Ihm gebührt unser Dank. Wenn er nicht selber

das Herrschen aufgegeben hätte, wäre er wieder unser neuer alter König.«

Hier toste ein Applaus über dem Sumpf, der dem Donnergrollen eines anrasenden Monsungewitters gleichkam.

> Billabongkönig: Glaubt es oder glaubt es nicht! Aber das hat mir gutgetan.

Du kannst aber auch gut mit Worten!

> Billabongkönig: Ach, weißt du, wenn du so etwas mitgemacht hast, hast du was zu erzählen …

Danach wandte sich der Vorsitzende an Kaukasius. Der Käfig baumelte nur noch träge. Der Krokodilwächter saß knurrig darin und drehte den Kopf zur Seite.

Der Richter musste ihn mehrmals ansprechen. »Und, Herr Grätenzieher? Wie haben Sie sich entschieden?«

»Ich akzeptiere«, antwortete Kaukasius nach dem vierten Anlauf. »Was bleibt mir schon anderes übrig?«

Die Tiger öffneten den Käfig. Kaukasius trat zur Gittertür.

Er wirkte immer noch wütend, als er die Flügel aufklappte. Doch als er losflog, konnte man einen Anflug von Erleichterung in seinen Augen sehen. Kein schlechter Neuanfang.

In den nächsten Wochen trug Ben, der Billabongkönig, Ben, den Krokodilwächter, mit sich herum. Ilona und Friedolin veräppelten den Billabongkönig, wann immer sie ihm begegneten. »Ich dachte«, sagte Ilona, »dass wir niemand dienen. Wir sind doch die Herrscher über die Mangroven, oder?«

Friedolin stimmte ungefragt ein: »Wieso lässt du dich hier herumbefehlen? Wieso trägst du einen Krokodilwächter durch die Gegend?«

»Beachte sie gar nicht!«, sagte Ben zu Ben. »Da müssen wir durch.«

Der kleine Krokodilwächter nickte und grinste in sich hinein. Nur Esmeralda beteiligte sich an den Foppereien nicht. Sie befahl sogar Francis und Heinrich stillzuhalten. Immer häufiger sah man sie an der Seite von Billabongkönig Ben, und auch sie trug oft einen Krokodilwächter oder sogar mehrere durch die Gegend …

Aber Ben, das war deine Feindin! Sie wollte deinen Tod.

Billabongkönig: Mit so etwas musst du abschließen. Sonst wirst du nie glücklich.

Meinst du?

156

Billabongkönig: Klar. Wer nachtragend ist, macht sich nur selber das Leben schwer. Der kriegt Rückenschmerzen. Außerdem hätte ich dann auf alle hier böse sein müssen. Was bringt das?

Respekt, jetzt hab ich wirklich noch etwas von dir gelernt.

Billabongkönig: Das will ich hoffen! Wir sind schließlich durch etwas hindurchgegangen.

Das sind wir.

Billabongkönig: Schaust du mal wieder vorbei?

Sicher. Allerdings gibt es noch einen kleinen Nachschlag.
Nach einer gewissen Zeit, in der sich Kaukasius tief in die Mangrovenwälder zurückgezogen und offenbar sehr viel nachgedacht hatte, eröffnete er seine Praxis wieder. Er nahm jeden auf, der zu ihm wollte. Doch die Kunden blieben fast gänzlich aus.
Einmal schipperten Ben und Esmeralda am vierhundertsiebenundachtzigsten Mangrovenbaum südlich des Kaps der grünen Hoffnung vorbei. Sie wollten alleine sein und hatten vergessen, dass dort die Praxis war.

Billabongkönig: Wenn du verliebt bist, vergisst du alles!

Also doch!

Billabongkönig: Ach, sei still!

Kaukasius passte sie ab, als sie sich gerade verdrücken wollten, setzte sein gewinnbringendes Lächeln ein und tirilierte:
»Auf ein Wort?«
Ben blickte ihn skeptisch an. Esmeralda schüttelte unmerklich ihren hübschen Kopf.

Billabongkönig: Oh ja, das ist sie. Hübsch, sehr hübsch!

Ben, jetzt lass mich mal! Das ist ja grauenhaft, wie es dich erwischt hat.
»Was willst du?«, knurrte Ben. Esmeralda klickte gereizt und
zog den Billabongkönig zur Seite. »Lass uns abhauen!«, flüsterte sie. »Der führt doch immer etwas im Schilde …«
»Ich weiß«, begann Kaukasius, »dass es schwer werden wird,
mir zu vertrauen. Ich weiß das alles, ich bin nicht blöd!« Er
geriet unabsichtlich in einen hohen Tonfall. »Doch was hal-

ten Sie davon, wenn ich mit den Krokodilwächtern übe. Ihnen Unterrichtsstunden gebe. Ihnen etwas beibringe. Damit sie – nun ja – besser werden?«

»Das würden Sie tun?«, fragte Esmeralda. »Was haben Sie davon?«

Kaukasius blickte in den weiten Himmel, aus dem die Sonne unbeeindruckt herunterbrannte. »Jeder braucht eine Aufgabe, oder?«, sagte Kaukasius kleinlaut. »So kann ich wenigstens mein Können weitergeben.«

»Mmh«, erwiderte Ben. »Und das sollen wir Ihnen glauben? Damit Sie wieder alle gegen uns aufwiegeln? Vielen Dank, ich denke, wir schwimmen besser weiter …«

»Überlegen Sie es sich!«, rief Kaukasius. Es klang leicht verzweifelt. »Ich brauche … Ich will … Ich kann mir vorstellen …« Ein aufkommender Wind unterbrach sie. Er verstreute die Worte, die zu ihnen herüberwehten.

Wieder wollten die zwei Billabongkönige abtauchen. Hochzeitstauchen.

Da flatterte etwas aus dem Nichts heran. »Psst! Ich bin es. Haben Sie eine Sekunde?«

Esmeralda verdrehte die Augen. Ben atmete seufzend aus. Er gab sich freundlich. »Der Gute Rat. Wie kann ich helfen?«

»Ach, nichts …«, antwortete er gedehnt, um dann umso schneller fortzufahren. »Ich wollte nur kundtun, dass Kaukasius diese Idee von mir hat. Wenn man ihn überwacht und aufpasst, dass er niemanden aufhetzt, wären die Behandlungen nicht mehr so … so schmerzhaft. Er gibt sein Wissen weiter. Alle können davon profitieren …«

»Was hat er Ihnen geboten?«

»Nichts.« Der Gute Rat streifte sich durchs Gefieder. »Dieser Rat ist sozusagen gratis.«

»Wir überlegen es uns«, klickte Ben.

»Apropos profitieren«, klinkte sich Esmeralda ein. »Schon was gefunden? Gold, meine ich. Nuggets.«

Der Gute Rat winkte ab. »Nicht viel. Aber das macht nichts.«

»Was, wieso?«

Der Gute Rat senkte die Stimme. »Weil ich froh bin, wenn meine Kinder etwas zu tun haben. Etwas, das ihnen Freude macht.

Wissen Sie, wie anstrengend es ist, wenn 8.473 Kindern gleichzeitig langweilig ist?« Er fuhr sich hastig über die Stirn. »Es ging mir nie ums Gold. Nie! Aber das bleibt bitte unter uns! Achtung, da kommt wieder einer!«

Ein zweites kleines Wesen erschien aus dem Nichts. »Darf ich vorstellen? Das ist, äh, Franz!« Der Gute Rat wandte sich an den putzigen Neuankömmling. »Du bist die 8.474. Wir haben ein großes Projekt vor.« Der kleine Rat guckte begeistert in die Augen des großen. »Wirklich?«

»Jaja!«, stieß Der Gute Rat hervor. »Wir bauen Gold ab.«

»Oohh …« Die Augen des Kleinen weiteten sich. »Wo?«

Der Gute Rat verbeugte sich vor Esmeralda und Ben. »Wir müssen … Alles Gute.« Die Billabongkönige winkten und tauchten ab.

Billabongkönig: Du hast vergessen, dass wir Kinder bekommen werden.

Lass mich doch auserzählen! Das wäre schon noch gekommen.

Billabongkönig: Oh, bitte!

Bald legte Esmeralda neunundsiebzig Eier, aus denen sieben neue Billabongkönige schlüpften. Die Krokodilwächter sollten schließlich etwas zu tun haben.

Billabongkönig: Ja, exakt. So war das. Wobei wir die Kleinen nicht nur für die Zahnärzte wollten. Wir wollten eine Familie gründen. So war das, wenn du es ganz genau wissen willst.

Ich glaube, das dürfte allen klar sein.
Ben?

Billabongkönig: Was denn noch?

Wird jetzt alles für immer gut?

Billabongkönig: Ach, weißt du ... Wann wird es das schon? Aber erst mal ist alles gut. Das reicht doch, würde ich meinen ... Oder?

Danke

Billabongkönig: Musst du jetzt das letzte Wort haben?

Nein, das letzte ist für dich reserviert. Aber ich habe noch was vergessen.

Billabongkönig: Was denn?

Ich will mich bedanken. Bei meinen zwei Jungs Emil (11) und Lennard (7), denen ich die Geschichte zum ersten Mal vorgelesen habe. Total aufgeregt war ich. Aber als sie »Weiter, weiter!« gesagt haben, war alles klar. Außerdem danke ich meiner Agentin Charlotte, die mich mit der Lektorin Steffi zusammengebracht hat, die sofort an dieses Projekt geglaubt hat. Ganz wichtig: Berit. Ich danke dir für ständigen Zuspruch und Liebe. Ohne dich würde ich mir solche wahnwitzigen Unternehmungen gar nicht zutrauen!

Billabongkönig: Gäähn! War's das?

Nein, dir will ich auch danke sagen! Es war klasse mit dir in den Mangroven. Du bist ein echt guter Typ. Auch wenn du, na ja, manchmal nervst …

Billabongkönig: Dieses Kompliment kann ich vollumfänglich zurückgeben.

Ist jetzt alles gesagt?

Billabongkönig: Nein. Ich will das letzte Wort.